毎日5分！

おそうじ瞑想で不安0%になる本

Clover
クローバー出版

まえがき

あなたは女性であることに喜びを感じていますか？
女性の真の喜びとは何だと思いますか？

以前の私はお洒落をすることや、女同士で美味しいものを食べながらワイワイおしゃべりすること、ショッピング、そして男性から愛されることだと思っていました。

もちろんそれは今でも大好きですし、喜びであることに変わりありません。

でももっと本質的で、魂が感じる喜びがあることに当時の私はまだ気づいていませんでした。

6年前に突然主人から「仕事を辞めて掃除しろ！　掃除ができないなら離婚だ！」と言われ、藁にもすがる思いで掃除を始めました。

初めは主人に対して憤りを感じながらも、必死で掃除と向き合い、家を整えていく中で気づいたのは、女性の真の喜びは家の中、そして日々の何気ない暮らしの中にあるということでした。

外の世界は刺激的でワクワクする喜びがたくさんあって、地に足のついた内なるその喜びを見過ごしていたのです。

時代や国、宗教など様々な違いはあっても、衣食住を整え、守るのは女性たち共通の役割です。

「衣」洗濯

「食」料理
「住」掃除

掃除や洗濯は穢れを取り払うことでさまざまな邪気から家族を守り、私たちの常在菌たっぷりの料理はお腹だけでなく心も満たし、ストレスも和らげてくれます。

つまり女性たちが日々行う家事とは、家族が心身ともに健やかに、幸せに生きていくための命の土台となるもの。

家事の本質は浄めであり、祈りなのです。

そういうと「私は家事は苦手だし、嫌いだから無理だ」と思う人もいるかもしれませんね。

今は上手にできなくても、好きと思えなくても大丈夫。

本書でお伝えしているたった一箇所のお掃除をするときにほんの少しだけ家事の本来の意味に意識を向けてみてください。

その小さな意識、行動がきっとあなたの中で眠っていた女性性を目覚めさせ、本当の自分と出会わせてくれたり、素敵な出来事を引き起こしてくれたりすることでしょう。

そして今こそ、その女性性の目覚めが必要なのです。

今までは男性性が主体の世界でした。

競争し、奪い合い、いかに相手よりも優位に立つか、よりたくさんのものを手にして勝ち残るか……。

男性だけでなく女性も社会的成功を求め、男性性を奮い立たせて戦いながら生きてきた時代でした。

でも男性性だけで勝ち得た成功や物質的な豊かさは私たちの魂まで満たすことはなく、何か大切なものを失ってしまったような虚しさを感じさせます。

失われたものの根源は真の女性の喜び。

それは「命を生み、育て、生かし、すべての存在を調和させ、循環させる」という女性本来のエネルギーが発動することで溢れてくる喜びです。

世界は私たち女性が幸せと感じるものを道しるべに、男性たちによって具現化され、創造されていきます。

私たちの女性性が目覚め、真の喜びを思い出すことができたなら、一人一人の個性や才能が輝き、調和し、循環する、そんな愛と豊かさに溢れた未来が創造されていくことでしょう。

今こそ女性たちが女神だった時代に還るときです。

あなたの内なる女神の存在を感じながら、ぜひワクワクと読み進めていただけたら幸いです。

もくじ

第4章 暮らしのシステム化 ～ゆとりを持つ・自由になる～

第5章 愛と豊かさが循環する女性の在り方 147

第1章

人生最高のギフトは汚い包み紙に包まれてやってくる

掃除しないと離婚⁉

私が自宅サロンをスタートしたのは12年前。

アロマセラピーサロンとしてオープンしました。

といっても、はじめは仕事をするつもりではありませんでした。

私がアロマセラピーを学んだのは当時6歳だった長男のアトピーがきっかけです。

一日中痒がる息子を見ているのが辛く、何か少しでも回復の助けになるものがないかといろんな情報を調べていた時、ふとアロマセラピーの文字が目に入ったのです。

「いいかもしれない」と感じた私は早速学んでみることにしましたが、当時は近くで簡単なセルフケアを教えてくれるところがありませんでした。

色々調べて最終的に選んだのは本格的にセラピストを目指すコースでした。コースを修了するためにはたくさんのアロマトリートメントの症例を集めなくてはなりません。

そこで、子供が通っている幼稚園のママやお友達に協力をお願いしてトリートメントモデルになってもらいました。

そうしているうちに、モデル期間が終わってもトリートメントを受けたいから続けてほしいと言われるようになり、「子育てに役立つアロマを教えて」とか「手荒れにいいアロマクリームを作りたい」といったアロマ講座のリクエストも頂いたりして、気がついたら自宅でサロンをオープンしていた、という流れです。

サロンをオープンしても、私の第一の目的は「長男はじめ、家族を健康で笑顔にすることとブレることはなく、「必要な人にその学びや経験をシェアしたい」というだけでした。

その思いを一番よく知っている主人は、自宅をサロンとして開放することにも賛成してくれ、一番の理解者であり、応援者でありました。

そこから長男のサポートには「アロマだけじゃなくて、食も大事なんじゃないの？」「メンタルケアも必要では？」とローフードや薬膳、ヒプノセラピーやカラーセラピーなどいろんなことを学び始めます。

学んだことはどんどん実生活に活かし、そのたびに家族にも良い変化が見られるので、私が学ぶことに関してもいつも気持ち良く応援してくれていました。

それが……。

サロンをスタートしてから9年目のある日突然、「仕事を辞めて」と言われることになったのです。

「ええ、どうして？」

「家がめちゃくちゃだ。一体何をしている？　掃除をしろ」と。

その当時は次男の中学受験の年でもあり、毎日大忙しでしたが、お客様に自宅に来ていただくわけですから最低限の掃除はしているつもりでした。まあ、お客様の目につくところだけだったかもしれませんが。

とにかく綺麗好きの主人ですし、機嫌をなおしてもらうためにいつもより念入りに掃除を始めました。

でも、2週間経っても、3週間経っても、主人の機嫌は一向になおりません。

それどころか、「いつになったら仕事を辞めるんだ？　掃除をしろ」とエスカレートしていきます。

やっていなくて言われるなら納得もいきますよね。でもやっているのに言われたら、これ以上どうしていいのかわかりません。

「あなたの思うレベルには達してないかもしれないけど、私は私なりに毎日やってる！　それに仕事は辞められない。これを辞めたら私の居場所がなくなる。私が私で居られなくなる。仕事を辞めて、私はどうしたらいいの？」と聞くと一言、「掃除していたらいい」と。

それを聞いた瞬間、自分の足元の地面がなくなってしまうような感覚になりました。仕事を辞めてしまったら私が私らしく生きていくことはできない。

家の中で掃除だけしながら生きていくなんて虚しさしかない。私が感じていたのは恐怖と絶望でした。

「どうして辞めなきゃいけないの？」と聞くと「一体あなたはどこに行っている

の？」と逆に質問が返ってきました。

「どこにも行ってないよ。ここにいるじゃない。毎日のお弁当もご飯も作ってる。洗濯も掃除も子供たちのお世話もちゃんとやってる。何を言っているの？」

「体はここにいるけど、心はここにない。抜け殻が目の前にいるだけだ」

その主人の言葉の意味がその時の私にはまったくわからず、言葉を失い、どうしていいのか途方にくれるばかりでした。

どうしたら仕事を辞めずにすむのか、その具体的な解決策がまったくわからなくなってしまったから。

主婦としてやるべきことはやっているつもりだったから。

数日後、そんな絶望の中にいる私に「仕事も辞めないし、家のこともできないなら、もう離婚しかない」とさらに追い打ちをかける一言が降ってきました。

「そこまで言われるくらいなら離婚してやる！」という人もいるでしょう。

でもそれを聞いた瞬間とっさに出てきたのは「離婚は嫌！　それだけは絶対ダメ！」でした。別に離婚が悪いと言っているわけではありません。

離婚という選択もあったと思います。実際、1ヶ月以上ネチネチと言われる生活に疲弊していましたし、離婚を決意する理由はたくさんありました。

ただ、理屈抜きに瞬間に出てきたのが「離婚は嫌！　それだけは絶対ダメ！」だったというだけの話です。

でも、今思うとそれはまさに内なる自分の声、魂の叫びだったのだなと思うのです。

視点を変えると新たな選択が見えてくる

ともかく、離婚という言葉を聞いた瞬間、私の中でスイッチが入った感じがしました。

「私は私なりに掃除しているし、間違ってないって思っていた。でも、どっちが正しいとか間違っているって話じゃなくて、掃除しているのにできていないと言われるなら、もしかしてやり方が間違ってるんじゃないの？　そもそも掃除って一体なんなのよ？」

そう思った私は、早速インターネットで掃除について調べ始めました。すると出てきたのは「掃除とは、掃いたり拭いたりすることによってゴミや汚れを取りのぞくこと」

うんうん、毎日掃除機かけたり、雑巾で拭き掃除したりしている。間違っていない。じゃあ、何が違うの？

さらに検索を進めていくと、掃除について学ぶ講座がたくさん出てきました。いろんなことを学び続けているうちに、マニアのようにたくさんの資格を持っていた私でしたが、「掃除の資格なんてどうでもいい。私が今知りたいのは主人の機嫌がなおるお掃除よ！」

講師育成のための掃除講座は、必要な知識が網羅されているようで、でもなぜかとても薄っぺらく感じられました。私が探しているものはここにはない気がする……。

そう思いながらさらに画面をスクロールしている私の目に留まったのはある講座の「**お掃除の正しい方法を知って、まずは自分の家族を幸せにしましょう**」という言葉でした。

え、正しいお掃除は家族を幸せにするの？
掃除は綺麗にするためのものじゃないの？

「私が探していたのはこれだわ」と思い、即申し込もうとしたのですが、講座の開催場所がなんと福岡。

今までの主人なら私が「福岡でこんな講座があるんだけど」と言えば「行っておいで」と喜んで送り出してくれたはずだけど、離婚まで持ち出されている今、「掃除を習うために福岡に行きたい」なんて怖すぎて言えない……。でも、きっとこの先生のブログに今の私を救うヒントがあるはず。

そう思って先生のブログを読み続けていました。

するとしばらくして「芦屋クラス増席しました」の文字が。

え、芦屋クラスですって？

そうなんです、なんと1週間後に我が家から歩いて5分もかからない市民センターで先生の初級講座があることがわかり、受講できることになったのです。

これはもう運命だと思いませんか？

私は「神様がくれたチャンスに違いない」と大興奮でした。

初めの私のように**「私は間違っていない。相手が間違っている」という一方的な視点で見ていると解決の糸口は見えず、どんどん追い込まれていきます。**

自分の視野が狭く、頑なになればなるほど、現実世界も狭く、頑なになり、動かなくなってしまうのです。

でも、**視野を広げてもう少し客観的に見てみると、「私の言い分も間違っていないけど、相手の言い分にも何か意味があるんじゃないの？」と思えてきます。**

自分が第三者として人の話を聞くとわかりやすいですよね。

喧嘩している二人の話をどちらか一方だけ聞くと、「そんなこと言われたら腹が立つよね。そんなのこっちが謝る必要ないよ」と肩を持ちたくなったりしますが、相手の話も聞いてみると「だからそんなことを言ったんだね。そう思うのももっともだよね」とどちらの言い分にもそれぞれの思いがあるのだとわかります。

自分のことは自分側の視点から感情的に見て、「こんなことをされた」と被害者意識を感じてしまいがちですが、視点を変えて視野を広げてみることで「あれ、もし相手にも言い分があるのだとしたら私が気づくべきことはなんだろう？」と新たな選択が見えてくるのです。

使命を果たす時に人も物も輝く

そして、心待ちにした講座当日、私は衝撃を受けました。

本当に私の掃除のやり方は間違っていたのです。

講座の途中から早く帰って掃除したくてうずうずするほどでした。

まず「掃除ははたきから始まる」ということを教わったのですが、その時の私は一切はたきを使わずに掃除していました。なんとスタートから間違っていたのです。

主人にも散々指摘されていた家中の埃を、私は濡れた雑巾で拭いていました。掃除といえば濡れた雑巾で拭くものと思っていたから。

学校でのお掃除がそうだったし、水拭きすることで汚れは落ちると思い込んでいました。しかも、水拭きの後、乾拭きをしていなかったので、また埃がこびりついたり、拭き跡が残って、余計に汚いという悪循環を引き起こしていました。嫌々ながらでも頑張って掃除していたのに、かえって汚していたなんて衝撃すぎませんか。

「埃ははたきで払う」と聞いて思い出しました。

我が家にレデッカーの立派なオーストリッチのはたきがあったことを。

なんでも形から入る私は結婚した時にインテリア感覚でそのはたきを買ったのですが、使い方がわからずしまってあったのです。

早速そのはたきを使ってみると本当にふわっと埃が払えます。

「すごい、これなら簡単に埃が払える！」と口にした瞬間、10年以上もほったらかしにしていたはたきがとても喜んでいるように見えました。

人と同じように物も自分の役割を果たす時にこんなにも喜びに満ちて輝くんだ。

そんな嬉しそうなはたきを見ながら、「今まで放っておいてごめんね」と思うと同時に、「私はどうなんだろう？」と。

私は喜びに満ちて、輝いているかしら？

みんなから応援されて自宅サロンをスタートし、初めは喜びでいっぱいでした。

ありがたいことに9年間絶えることなくお客様に足を運んでいただき、主人とも理想の夫婦だと言われ、公私と

もに満ち足りていたはずなのに、**いつの間にか欠乏感を感じるようになっていました。**

「もっと勉強して知識を増やさなきゃいけない」
「みんなの期待に応えられる自分にならなきゃいけない」
「失敗しちゃいけない」
「人に頼っちゃいけない」
「もっと稼ぎたい」

いつの間にか、今の自分では足りないと思うようになり、喜びに満たされることはなくなっていました。

嬉しそうに家中を舞うはたきを見ながら、そもそも自分にとっての喜びがなんなのかすらわからなくなっていたことに気づいて呆然としたのです。

掃除をすると見える世界が変わる

講座では**掃除は上から下へ、が基本**だと教わりました。
当たり前ですよね。下を掃除してから上のゴミや埃が落ちてきたらまたやり直しですから。言われなくてもわかります。

でも実際に上から下へはたきをかけようとすると、「……上ってどこから？」となったのです。

たとえば階段を掃除しようと「まずは手すりからだよね」と手を伸ばしたら「あ、手すりより上にかかっている絵からかな？」と、さらにその絵の上をみると壁や窓があって、さらにその上には天井や電気があって……。

「あれ？　どこからするの？」と顔を上に向けて天井まで見上げた時に**ハッと気づいたんです。私は普段見ている範囲でしか掃除していなかったことに。**

こんなふうにいろんな角度から家を見たことがなかったなと、改めてぐるりと家の中を見回しました。

「私は見えるものしか見ていなかった」
「私が見ていたものはほんの一部にすぎなかった」

そこでふと気づき、30センチの台の上に乗って家の中をあちこち見て回りました。

そう、30センチの身長差がある私と主人ではそれぞれ見えるものが違ったのです。

「私には見えていない汚れを主人は毎日見ていたんだ」

そう思いながら、はたきをかけ、拭き掃除も始めました。
夢中で拭いて「綺麗になった！」と目線をほんの少しずらすと「あ、こんなところも汚れている！」と新たな汚れに気づき、ここも綺麗になったと嬉しくなって眺めていると「あ、この裏も汚れている」とさらに汚れを発見して、どんどん手が先へと伸びていくのです。

そうやって掃除していくと、**今まで毎日見ていたはずの家がなんだか全然違うものに見えてきて、一体私は今まで何を見ていたんだろうと思い始めました。**
そして、はたきと同じように**家が喜んでいるように感じたのです。**

家が喜んでいる。

見た目が綺麗になるだけじゃなくて、家が力を取り戻して輝いていっている気が

する。
その瞬間、私はふと自分の内側に自分が戻ってきたような感覚になりました。
「今ここ」に自分がいるという感覚です。

あれ、私、今ここに帰ってきた？
なに、この感覚……今まで私はどこにいたの？
……そうか、このことだったのか！　主人が「抜け殻が目の前にいる」と言ったのは。

「体はここにいるけれど、心がここにない」というのは、目の前にあるものが見えていない、聞こえていない、気づいていないということだったんだ。
私はまさに心ここに在らずだったんだ……。

ようやく取り戻した主人の愛

掃除することでそう気づいた私は、もう涙が止まらなくなっていました。はたきと雑巾を手に持ったまま、わんわん泣きました。

「仕事なんて辞めてしまえ」「掃除をしろ」「できないなら離婚だ」と言われ続けていた頃の私は主人を鬱陶しいと感じ、「ネチネチと嫌がらせばかり言う」とうんざりしていました。主人は私に腹が立っているから、私がやることなすこと気に入らないんだと拗ねてもいました。

でも、そんなわけないんです。

だって彼はいつも私の一番の理解者だったし、私の思いをいつだって応援してくれていました。

「あなたならできるよ。やってごらん」と。

私はそんなことすら忘れていました。

自分を見失うということは、相手も見失うということです。

私は自分自身を見失ってしまっていたから、彼のことがわからなくなって、恨んでしまったのです。

だったらなぜ、いつも応援してくれていたはずの彼が、「仕事なんて辞めて掃除をしろ」と言ったのでしょうか？

それは**ちゃんと私を取り戻してほしいという心からの叫びだったのではないでしょうか。しっかりと心ごと自分の前に帰ってきてくれと。**体はここにいても、心をどこかに置き去りにして目の前の彼を見ていない私を、どれほど寂しく感じていたことでしょう。

何を言っても響かない私を前にして、どれほど虚しかったことでしょう。
あの時に、「仕事を辞めろ」とか「掃除をしろ」ではなくて、「ちゃんと俺や家族を見て」っていうストレートな表現だったら伝わったでしょうか？

いいえ、あの時の私はたとえそんなふうに言われたとしても「何言っているの？ちゃんと見ているじゃない！」と言い返していたと思います。

愛する人の心の叫びにも気づけないなんて……。
心を外に置き去りにしているというのはそれほど怖いことなのですね。

いつも何かが足りないと思っていた私は、「**私を満たすものは外にある**」と思いこみ、いろんな講座を受けたり、交流会に参加したり、外にばかり意識が向いていいました。

自分の内にあるものからすっかり目を背けてしまっていたのです。見ていないのだから、いつしか見失ってしまう。当然のことですよね。

一番大切な自分を見失った私は、もう少しで大切なパートナーまで失うところでした。

「仕事を辞めろ」と私が一番嫌がることを言い続け、本当に離婚することになるリスクを背負いながらも本気で私を取り戻そうとしてくれた彼の愛に、彼が「やれ」と言い続けた掃除を通してようやく気づくことができたのです。

家は私の鏡

家に「今まで放ったらかしにしてごめんね」と言いながら掃除をしていると、**実は家と同じく自分を放ったらかしにしていたんだということにも気づきました。**

意識を向けて、丁寧に向き合っていくことで家が喜びに満たされていくのがわかり、それと同時に自分自身の喜びもそこにあったからです。

家が喜ぶと私も嬉しい。
家が満たされると私の内側も満たされていく。家は私の鏡なんだ。
家と繋がることは自分自身と繋がることなんだ。

「私は足りない」と思ってその欠乏感を満たすために外へ、外へと向かっていっていたけれど、どこに行かなくても、何も足さなくても、私はただ家の中で、今あるものの中でこんなにも喜びを感じられるし満たされるのだと体感していきました。

主人に掃除しろと言われていた時は、主人の機嫌をなおすために掃除をしていました。でも、この頃の私は、主人の機嫌がなおろうが、なおるまいが関係なく、ただ家のことがしたくて仕方なかったのです。**家と向き合うことで本当の自分を感じられ、家と繋がることで喜びに満ちていくことが嬉しくて自然と意識が向かい、体が動いていたのです。**

そうすると気がついたら主人は「仕事を辞めろ」とも「掃除をしろ」とも言わなくなり、いつの間にか機嫌もなおっていました。

そして私自身の心にも変化が起きました。

はじめ主人に「仕事を辞めろ」と言われた時は「仕事を辞めたら私が私じゃなくなってしまう。私の居場所はなくなってしまう」と恐怖を感じていました。

でも掃除をし、家の中の物と一つ一つ向き合っていく中で「**私に必要なものはすべて私の中にある。何も持たなくても、誰かに認めてもらわなくても私はこんなにも満たされている」と無条件で感じられるようになり、なんと**

も言えない安心感に包まれていったのです。

そしてあれだけ拒み続けていたのに、なんの抵抗もなくすんなりと今までしてきた仕事をすべて手放しました。

もう主人は辞めろと言わなくなっていたにもかかわらず、自ら進んで手放したのです。

仕事を辞めたって、私は何も失わないとお腹の底からそう思えたから。

第2章

視野を広げる「動くおうち瞑想」

心の在り方一つで掃除が変わる

なぜ私は掃除をすることでこんなにいろんなことに気づいていったのでしょうか？

「掃除をすると家の気の流れが良くなり、運気が上がる」というのはよく耳にする言葉ですよね。

掃除は風水の基本でもありますから、ポイントを押さえて掃除するだけでご主人が出世したり、お金の巡りがよくなったり、夫婦や親子の関係が改善されたりという嬉しい成果が舞い込む方も多いかと思います。

それくらい掃除はパワフルなものです。

でも、いいことが起こると期待して掃除したけれど何も変わらなかったという方もいます。

私自身も「掃除をしろ」と言われてから1ヶ月以上、必死で掃除をしましたが主人の機嫌はなおらず、それどころかやればやるほど機嫌の悪さに拍車がかかる一方でした。

それが掃除講座に通ってからは次から次へと気づきがあり、どんどん現実が変わっていったのです。

やっていたことは同じ「掃除」でしたから、最初は正しい掃除の方法が気づきをもたらすのかもしれないと思っていました。でも、**生徒さんに同じように正しい掃除の仕方を伝えても、気づきや変化が起こる人と、そうでない人がいることがわかってきたのです。**

その違いはなんだと思いますか？

それは**無心になってやっているかどうかです。**

たとえば、主人に「掃除をしろ」と言われた当初の私はとにかく主人の機嫌をなおすことが目的の掃除でした。「どうしたら認めてもらえるのだろう？」「どうしたら機嫌が良くなって、仕事を辞めなくていいと言ってもらえるのだろう？」とそればかり考えていました。無心どころか下心たっぷりですよね。

でも講座に通ってからの私は、とにかく学んだことを実践したくて、主人の機嫌が悪かったことなんてすっかり忘れて掃除そのものに没頭していったのです。主人の機嫌がなおっても、なおらなくても関係ない。ただ、私がやりたいからやる。見返りを求めるのをやめ、ただ無心になって掃除していた時に、気がついたら主人の機嫌も、家の気もすっかり変わっていました。

また生徒さんにはこんな方もいました。

その方はレッスンの宿題で毎日洗面所の掃除をしていたのですが、ご主人から「そんなに毎日磨かなくていいんじゃない？」と言われたそうです。

「毎日じゃなくていいそうです。綺麗すぎるのも心地悪いみたい。夫婦二人だし、たまに掃除するのがちょうどいいペースなのかもしれません」

そうですね、掃除だけの話ならそれでいいと思うのです。家族構成や生活スタイルによって同じ場所でも汚れ方は違いますから、その家によって適切な掃除の頻度は違って当たり前でしょう。

でもその話を聞いた時になんとなく違和感を覚えたので「そのご主人のセリフ、言葉通りにスルーしないで。ご主人は綺麗すぎることに心地の悪さを感じているのではない気がするんだけど……どんなふうに掃除しているの？」と詳しく聞いていくと彼女がハッとした顔をしました。

「…あ、私『掃除したらいろんなことがうまくいくんだよね。私がこれだけ掃除してるんだから出世してよね』って思いながら掃除しています」と。

そこだったんですよね、ご主人の心地悪さは。

もし彼女が鼻歌でも歌いながら楽しそうに掃除をしていたとしたら「毎日磨かなくていいんじゃない？」という言葉は出てこなかったでしょう。

でも「私がこんなに磨いているんだから出世してよね」という思いを込めて掃除していたのだとしたら、口にこ

そ出さなくてもご主人は何か怨念のようなものを感じて「そんなに必死になって毎日磨かなくていいから」となっていたのかもしれません。

こんなふうに同じ掃除という行為なのですが、どんな心の状態でやるかで家族に伝わるもの、自分自身に与える影響は変わってくるのです。

掃除で悟りを開いた周梨槃特

掃除といえば、お釈迦様の七番目の弟子とされている周梨槃特《しゅりはんどく》の話を聞いたことはありますか？

周梨槃特は双子の兄と共にお釈迦様に弟子入りをしますが、聡明な兄とは反対に、自分の名前すら覚えられないほど頭が悪い人でした。だから当然、修行の作法も、お釈迦様のありがたいお話も覚えることができません。

周りのお弟子さんたちからも散々馬鹿にされ、ついには兄にも愛想をつかされ、家に帰るように言われます。

自分の愚かさに絶望した周梨槃特がお釈迦様に「私はあまりに愚かなのでもうこれ以上ここにいることはできません」と告げて出て行こうとすると、お釈迦様は「自分の愚かさを知っているおまえは本当の愚か者ではない。自分のことを偉いと思い上がっているものが本当の愚か者なのだよ」と言い、彼に一本の箒を渡します。

「この箒で『塵を払わん。垢を除かん』と言いながら掃除をしなさい」と。

それを聞いた周梨槃特は「それなら私でもできそうです！」と喜んで、言われた通りに来る日も来る日も無心になって掃除をしました。

何年か経ったある日、彼はお釈迦様に「どうでしょう、綺麗になりましたか？」と尋ねますが「まだだ」と言われます。

「おかしいな、隅から隅まで綺麗にしているつもりなのに、一体どこがまだ汚いのだろう？」それでもまた無心で掃除を続けます。

そんなある日、子供たちが遊んでいて、せっかく彼が綺麗に掃除をしたところを汚してしまいます。それを見た周梨槃特は思わず「こら！　どうして汚すんだ！」と怒鳴りました。

その瞬間「汚れはここにあったのか」と自分の心の汚れに気づきました。

「塵や埃はあると思っているところだけでなく、思いもよらないところにあるのだな。いくら掃除をしてもまた汚れるように、人の心もまた同じなのだ」と気づき、ついには阿羅漢という悟りを開いたと言われています。

そうやって20年間、ただひたすら掃除をする彼の姿にお釈迦様はいつも手を合わせて拝んでいたそうです。お釈迦様は言われます。

「次々に何かを学び、たくさん覚えることで悟りが開かれるのではない。周梨槃特のように**根気強く同じことを繰り返し続けることが大切なのだ。掃除だけでこのように悟りを開いたのだよ**」と。

この周梨槃特の話は小さい頃に聞いたのですが、すっかり忘れていました。

それがある日、レッスンが終わってから「私、頑張って掃除して家はピカピカです。同じように掃除しているのに、どうしてあの人はいろんなことに気づいて変化して、私は何も変わらないの？　一体何が違うの？」と泣いて訴えてきた生徒さんがいました。

あまりに切羽詰まったその様子に、どう説明したらいいだろうと思ったその瞬間**「掃除だけど、ただの掃除じゃないのよ。瞑想なのよ」**という言葉がふと口から出てきて自分でもハッとしました。それと同時に周梨槃特の話がふと蘇ったのです。

「そうか、瞑想だったのか。彼のように何の見返りも求めず、ただ目の前のことを無心になってやることで見えてくる世界があるんだ」とわかったのです。それからは私がお伝えする掃除は**「動くおうち瞑想」**と呼んでいます。

なぜ掃除するという行為が「動くおうち瞑想」なのか?

「掃除」と「動くおうち瞑想」は目的が違います。

掃除とは塵や埃を掃いたり払ったりして取り除き、綺麗にすること。

一方動くおうち瞑想は、掃除という手段を使って自分の内側に意識を向けることです。

つまり**掃除は綺麗にすることが目的で、動くおうち瞑想は自分自身と向き合うことを目的としています。**

瞑想というと姿勢を正して座り、目を閉じて呼吸を整える座法が一番に浮かぶかもしれませんね。

瞑想することでストレスが軽減されたり、疲れにくくなったり、集中力が上がって効率よく活動できるようになったり、直感が研ぎ澄まされてシンクロニシティが起こりやすくなったりと、それはもうたくさんの効果があると言われています。

多くの成功者たちも実践しているということで、実際にやってみた方も多いのではないでしょうか？


例に漏れず、私も何度かやってみたことがありますが、いざ目を閉じて座ると意識があちこちに飛んで全然集中できません。

寝る前ならできそうだと、ベッドに座って目を閉じたらそのまま寝てしまって、気がついたら朝だった、なんてことも。

瞑想がいかにいいものかは知っていても、残念ながら何度やってもコツがつかめないままでした。

そんな私が、**夢中で掃除を始めた時、無心状態になり、静かに内観できるようになっていったのです。**

周梨槃特が掃除で悟りを開いたように、じっと座って目をつぶっているだけが瞑想じゃない……。そう思った時にふと、ヨガが「動く瞑想」と呼ばれていることを思いだしました。

ヨガはただのストレッチや体操ではなく、アーサナと呼ばれるポーズに集中することで思考を止め、自分の体、そしてさらに心の内側へと意識を向けていく瞑想法の一つです。座法であれば呼吸、ヨガならアーサナ、動くおうち瞑想なら掃除と、何に意識を向けるかはそれぞれに違います。

ただ共通するのは、それらが**「今の自分」に意識を向けるツールの一つ**だということです。

今この瞬間、たった一つのことに意識を集中させていくと、逆に意識は拡大し、俯瞰して自分を見られるようになります。**「今」に集中したはずなのに、ある瞬間から「過去・現在・未来」という時間の感覚から解き放たれ、全ての時間がまるで「今」であるかのような不思議な感覚にもなっていきます。**

また**「自分」に集中したはずなのに、同じくある瞬間から自分と他人、それを取り巻く世界の境界がわからなくなり、すべてが自分の一部であるかのような感覚にもなります。**

思考ではなく感覚が優位になって、とても鋭くなり、知識として理解するのではなく、理屈はわからないけど直感で、腹の底から「こういうことなのだ」と理解し、それを絶対的に信じられるようになる感覚です。

これは瞑想の効果の一つでもあると思うのですが、それが私の場合は掃除をすることによってもたらされました。

呼吸やアーサナに集中するといいのはわかるけど、どうして掃除なの？　と思うかもしれませんね。

はたきをかけたり、床を掃いたり、拭き掃除をしたり、窓を磨いたり……こういった単純な作業はリズム運動と似たような効果があります。

ウォーキングやジョギング、ダンスなどのように一定のリズムに合わせて体を動かしていると思考が停止して、ただ無心になって没頭していた、なんて経験はありませんか？

運動でなくても、事務仕事ならたくさんの資料をホチキスで留めていくとか、料理なら大量の野菜の筋とりをしたり、千切りしたりというのも同じことです。こういった単純作業の繰り返しは思考を止めて無心になるのにぴったりなのです。

だから、私のように座法による瞑想は気が散って集中できないという方は動く瞑想から始めてみるといいのかもしれませんね。

今までと違う視点で掃除してみる

動くおうち瞑想をする時のポイントは「今までと違う視点で掃除をしてみる」ということ。

たとえば私はいつもモップを使って床の拭き掃除をしていたのですが、四つん這いになって雑巾がけをしてみました。

するとキッチンの扉の足元が汚れているのに気づきました。

「普段こんなに間近で見ないものね」と思いながら扉を拭いていると、今度は引き出しの持ち手が汚れていることに気づきました。持ち手を拭いているとその拍子にぱっと扉が開き、その内側も汚れていたことに気づく……といった具合に芋づる式に普段見えていなかったところがどんどん見えてきたのです。

そうやって次々に気づいていった汚れは、主人にさんざん指摘されていた汚れでした。当時の私は「一体どこが汚れてるの？」と、主人に言われていることが理解できず、神経質すぎると腹を立てていました。

家の汚れは物理的なものですから、本来ちゃんと目で見えるはずですが、「主人は私に嫌がらせをしている」という思い込みが本当にあるその汚れを見えなくしていたことにびっくりしました。

別の例だと、「上から下へ掃除する」を実践しようとした時に私がふと「上からってどこからだろう？」と家を見回した話をしましたよね。「上ってどこ？」と天井まで見上げてみた時、普段気にも留めていない、視界にも入っていないところが目に入ってきたのです。見えていないものって私たちは「存在しないもの」のように扱っています。

でも、私が普段見もしていない、存在しないもののように扱っている天井は本当はちゃんとあって、毎日私を雨風や寒さから守ってくれているのです。そんなの当たり前でしょうか？

いつも私を守ってくれている天井を当たり前だと気にも留めない、まるで存在しないかのように扱っているのは、主人に対する態度と同じだと思ったのです。

いいえ、わかっているし、感謝もしているつもりでした。

でも、天井を見上げながら、「なんだ、上っ面の感謝だったんだ……私は本当に彼を見ていたわけじゃない、見ているふりだったんだ」と気づいたのです。

こんなふうに今までと違う視点で掃除をしてみると、普段見ていない角度から家の中を見ることになり、それによって物理的視野がぐんぐんと広がっていきます。

毎日見ていたはずの家が急に今までとは違った表情を見せ始めるのです。

そして**物理的な視野は心理的な視野とリンクしていて、今まで見えていなかった自分や相手の気持ちに気づいたり、状況を俯瞰できるようになったりしていきます。**

ですからまず、物理的視野を広げるために今までの自分とは違う視点で掃除してみてくださいね。

人に強要しない・言い訳をしない

動くおうち瞑想でもう一つ大切なのは「人に強要しない」ということです。

せっかく綺麗にしたあとは、ついつい「今掃除したから汚さないでね」とか「使ったらちゃんと拭いておいてよ」と言いたくなりますよね。

でも人に強要しないでください。

また、「せっかく綺麗にしてもすぐ汚されるからやっても同じ」とか「家族が時間差で使うからどのタイミングで掃除していいのかわからない」という言い訳もなしです。

人に強要するのも、言い訳するのも共通点があります。

それは**今の自分の置かれている状況を誰かのせいにしている**ということです。

「私はちゃんとやっているけど誰かのせいでこんな状況になっている」と。

主人に「掃除しろ」と言われた時の私が「私はちゃんとやっている。あなたが神経質すぎて、私に嫌がらせをするからこんな状況になっているんだ」と思っていたのはまさにこの状態です。

相手が悪いと思っている限り、「なぜ今私に掃除が必要なのか？」という本当に気づくべきことが自分事になりません。

確かに掃除したばかりの洗面所を子供が水浸しにしたり、旦那さんが靴下を床に脱ぎ捨てたりしているかもしれません。

でも、「だから私は掃除しなくていい」という理由にはならないし、「私がやることは無駄だ」ということでもありませんよね。

誰かのせいにするというのは、問題をすり替えているだけなのです。

人に強要したり、言い訳をしないように心がけてみることで、視野が広がって、今まで気づかなかった思い込みを発見したり、目の前で起こっている出来事の意味が理解できるようになったりします。

動くおうち瞑想は「綺麗」を保つための掃除ではなく、**自分の内側と向き合うための掃除**ですから、掃除した3秒後に汚れたとしても気にせず、まずは淡々とやり続けてみてください。

家にも意識がある

私は掃除の講座で、掃除にははたきを使うことを教えてもらいました。

そしてしまいこんでいたオーストリッチのはたきを使い始めたら、はたきがとても嬉しそうに輝いて見えたとお話ししましたね。


今は化繊を使った掃除道具もたくさんありますが、昔ながらの天然素材のものでお掃除をすると家具や家にツヤが出て輝くのだそうです。

こういった天然素材の道具を使ってお掃除を始めた時、はたきと同じようにおうちが喜んでいるのを感じました。

そしてその瞬間、はっきりとわかったのです。

家にも意識があることを。


「魂」とか「いのち」と表現してもいいのかもしれません。

私が感じたのは、**家という存在は、そこに住まう人が幸せであること、そして本当の自分を生きることを願っている**ということでした。

不思議な話に聞こえるでしょうか。


でも私たち日本人は昔から「八百万の神」といい、あらゆるものに神の発現を見てきました。また、日本に限らず世界のネイティブたちも「自然を含めた全てのものに神や精霊が宿っている」と言い伝えています。

彼らがそう伝えてきたことが本当なら、私が感じたものも確かに家の意識だったのではないかと思うのです。もちろん何の根拠もありませんし、証明できるものものもありません。

でも家には意識、魂が存在すると思ってその家に触れるなら、そこには確かに存在します。

そしてその家の意識が私の幸せを願っている。本当の私を生きることを願っているのだとしたら……？

そんな視点で自分の家を見たことがありますか？

もしそれが本当なのだとしたら、家にどんな思いが湧いてくるでしょうか？

今までの自分の家に対する不満、あるいは無関心さに呆然とするという方も決して少なくはありません。

実際この話をすると、家に対して「今までごめんね」という気持ちでいっぱいになってお掃除を始める生徒さんがたくさんいます。

まずは掃除から始めましょう

掃除の話をすると、「私片付け苦手なんです」とか「洗面所の引き出しがすぐぐちゃぐちゃになるんです。オススメの収納方法はありますか？」などと聞かれたりすることがあります。

掃除は片付けでも整理収納でもありません。

この違いがわかっていないと意識があちこちに分散してしまい、ちゃんと動くおうち瞑想をすることができません。

ですから最初に混乱しやすい「整理」「収納」「片付け」「掃除」という四つの行動の違いを見ていきましょう。

【整理】
要るものと要らないものを分類し、不必要なものは取り除くこと。
【収納】
必要なものを取り出しやすいように秩序立てて収めること。
【片付け】
出したものを元の場所に戻すこと。
【掃除】
ゴミや埃を取り除き、綺麗にすること。

どの行動も「綺麗になる」という共通点があるので、同じだと誤解されやすいのですが、こうやってみると一つ一つ全く違う行動であることがわかります。
そして行動の違いがわかると、まず整理、そして収納してから掃除をするほうが効率的だと思いますよね。部屋中にものが溢れていると掃除しづらいですから。

でも**このレッスンではどんなに散らかっていても敢えて掃除から始めます。**それは**今まで「当たり前」と思っていた家の中の違和感に気づくため**です。

たとえばキッチンカウンターやテーブルに無造作に置かれている本や郵便物、小物類。ソファの上に脱ぎっぱなしになっている服。床に置きっぱなしのカバン。取り込んで山積みになっている洗濯物。

片付けが後回しになる時もありますが、どこかのタイミングでちゃんとリセットされるのなら問題ないのです。

でもずっと散らかったままだといつの間にかその光景が当たり前になります。

そしていざ家を整えたいと思ってもどこから手をつけていいのかわからなくなってしまいます。

家が常にごちゃごちゃ散らかっていて、綺麗に整った本来の家の状態がわからないとしたら……。

あなた自身もごちゃごちゃ余計なものをくっつけすぎて、本来の自分らしさがわからなくなっているのかもしれません。

そのごちゃごちゃとスッキリしない状態で、あえて動くおうち瞑想をしてみるんです。すると、「あれ、こんなところにこんなものが置いてある」と、そこに置いてあるものを初めてはっきり認識するのです。

そしてその場所にふさわしくないものには何か違和感を覚えます。

「どうしてここに置いてるんだろう？」とか「これいらないよね」とか「これはちゃんとしまいたいよね」とか。

その場ですぐにどうするべきか判断できることはその通りにしてください。

たとえば「これはいらないから捨てよう」とか「これはちゃんと元の場所に戻そう」とすぐ行動できることもあるはずです。

でも認識はできたけれどどうしていいかわからないものは、一旦そこに置いたままにしましょう。掃除をする時はいちいち持ち上げたり、移動させて掃除してください。そうしてまた同じ場所に戻します。

そうやって掃除をしだすと、いちいち移動させて掃除をするのは面倒だなと、整理や収納もやりたくなるかもしれませんが、**まず最初の1ヶ月はとにかく掃除だけに集中します**。

今まで当たり前になっていたものにちゃんと目を向けるためです。

他のことをやりだすとそっちにも気を取られ、意識が分散してしまいます。

一つ一つ、ゆっくり丁寧に感じてみてほしいのです。

家はあなた自身でもあるのですから。

1か所だけ動くおうち瞑想をしてみましょう

まずは1ヶ月1か所だけ動くおうち瞑想をしてみましょう。

毎日1か所だけ、それも同じ場所を掃除するのです。

そんなに広い範囲じゃなくて大丈夫。

たとえばキッチンのシンクとか、洗面台と鏡とか、玄関のたたきとか毎日掃除していたら5分もかからずにできるような範囲です。

今日はキッチン、今日は洗面所……とあちこちするのではなく、同じ場所をするのがポイントです。

なぜ1か所だけなのでしょうか？

それは「**意識を一点に集中させればさせるほど、意識を向けているもののエネルギーは増幅し、拡大する**」という自然界の法則があるからです。

あちこち掃除すると意識は分散し、全てが中途半端になります。

1か所に集中すると、そこにエネルギーが集中的に集まり、拡大し、やがては周りを動かすくらいの影響力を持ち始めるのです。

実際、レッスンの課題として一点集中動くおうち瞑想をする場合、掃除するのは1か所なのですが、「玄関のたたきをしていたはずなのに、なぜかキッチンが綺麗になっていた」とか「気がついたらなかなか手をつけられなかった用事にささっと取りかかれて、しかもすごくスムーズにできた」とか、掃除には関係ないことにまで影響を与え始めます。

動くおうち瞑想では掃除している場所だけでなく、自分の内側にも同時に意識を向けているので、このように掃除以外のことにもその影響が及んでいくのです。

せっかくやる気になったのに1か所じゃ物足りないわという方もぜひ、1か所を意識して動くおうち瞑想をしてみてください。

もちろん他の場所は普段通りに掃除していいんですよ。

でも動くおうち瞑想の課題としては1か所だけ、ちゃんと意識を向けて毎日続けてみてくださいね。

第3章

思い込みを手放す
～本当の自分に出会う～

今まで認識していなかった思い込みに気づく

物を整理する前に、あえて現状のまま掃除を始めてみることで気づいたことはありますか?

レッスンの時に感想をシェアしあうと、「使っていないものがいっぱいあった」とか「やりかけだからとそのままにして片付かないものがいっぱいあった」とか「脱いだ服があちこちに散らかっていた」とか「床がかばんや本で埋め尽くされていた」など、どんなものがあったのかを教えてくれる人がたくさんいます。

彼女たちも最初は何があるのかを認識できておらず、単に「家が物で溢れかえっている」「家の中がぐちゃぐちゃです」と言っていたのですが、**動くおうち瞑想をしだすと「何が」溢れかえってぐちゃぐちゃになっているのかに気づき始めるのです。**

物が溢れて散らかっていても、毎日目にしているといつの間にか見慣れた日常の光景になってごちゃごちゃの原因が何なのかわからなくなってしまいます。

それはなぜでしょうか？

まず、人には顕在意識（意識）、潜在意識（無意識）という二つの意識があるのは聞いたことがある方も多いと思います。

これらはよく「海に浮かんだ氷山」に例えられますが、水面から出ている1割程度が顕在意識、水面下に隠れている9割が潜在意識だと言われています。

顕在意識は普段私たちが認識できる意識ですが、潜在意識は認識することができません。

家の中のごちゃごちゃした物たちは、私たちの潜在意識の中に潜ってしまっていて認識できない状態になっているのです。

なぜなら私たちの顕在意識はたったの1割。日常生活の中で顕在意識が処理しなくてはいけないことはたくさんあるので、家の中に溢れかえっている物たちまでいちいち認識していられないからです。

でも、動くおうち瞑想をして思考（顕在意識）をストップさせると、潜在意識下に潜り込んでしまっていた物たちが顕在意識の領域にまで浮かび上がってきて「あれ、ここにこんなものがある」と認識できるようになります。それはもちろん物だけに限りません。

◆「めんどくさい」「それは無理」と思っていたことが、いざやってみると意外に簡単にできたことにびっくり。私は何でもやる前から無理だと決めつける癖があるんだなと気づきました。「まずはやってみる」ってことが苦手だった。それはできなかった時が嫌だから、やる前に「めんどくさい」とか「それは無理」って言い訳してやらなかったのかも。

◆完璧に綺麗にするまで納得いかなくて、毎日が大掃除みたいでヘトヘトになってしまいました。今回の課題は1か所を掃除するだけでよかったのに、それでは納得できない自分がいたんです。今まで誰かの期待に応えなければといろいろやりすぎてクタクタになっていたけれど、そもそも誰も期待なんてしてなくて、私自身が勝手に「ここまでやらないと認められない」って思っていたんだって気づきました。ハードルを上げて期待していたのは、他の誰かではなく自分自身だったんですね。

◆サボったり、できなかった時にすごく自分を責めて落ち込んでしまいました。掃除をサボったところで誰からも何にも言われていないのに、それでも罪悪感を感じるのは私自身が「サボるのは悪いことだ」って思ってたからですね。そういえば私はいつも自分にダメ出しばかりしていたかも……。

というように、今まで認識していなかった思い込みや思考の癖に気づくようになります。これが動くおうち瞑想の目的なのです。

掃除から始める理由

ちょっとわかりやすいように図にしてみますね（図1）。

図1

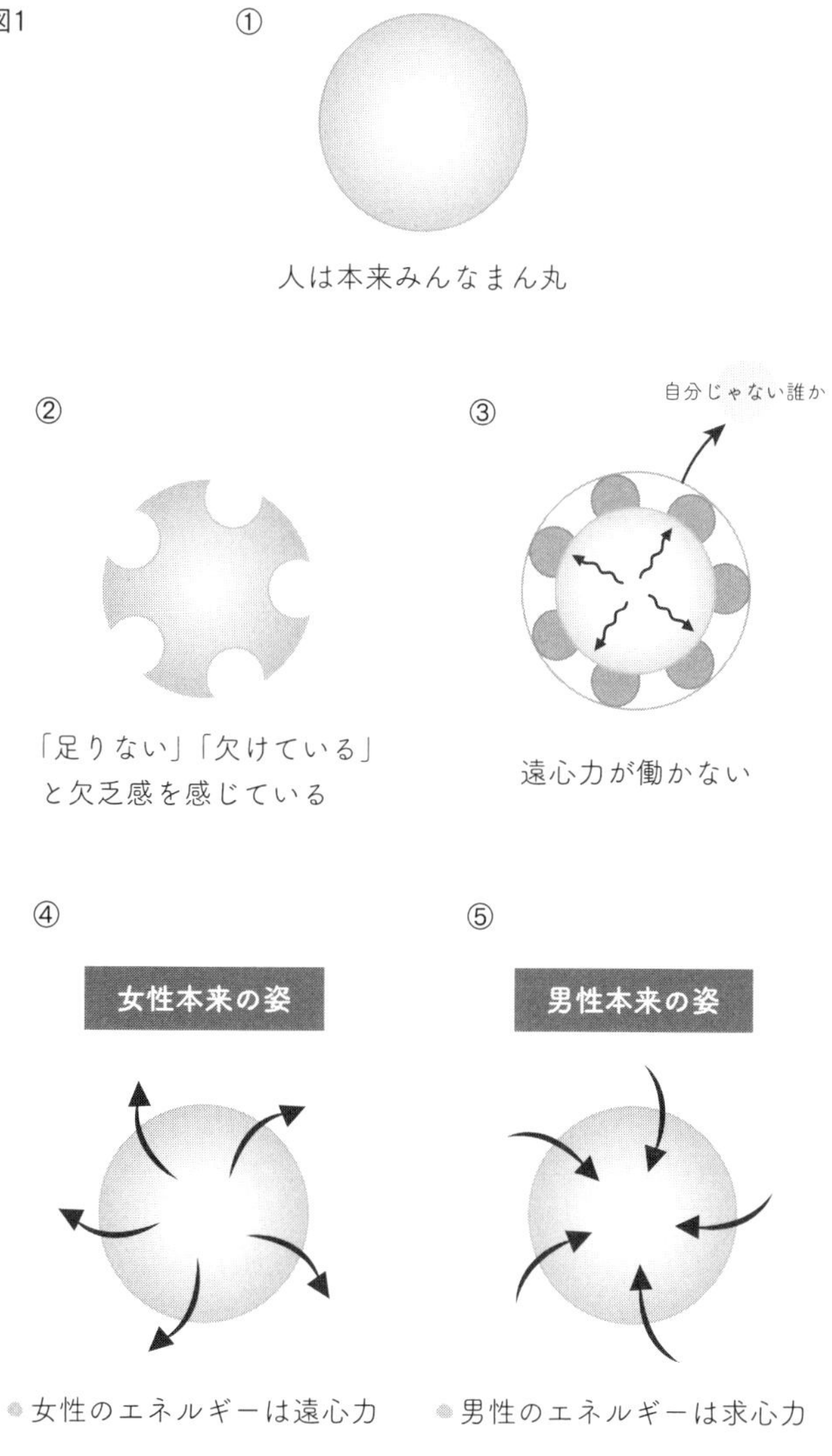
①
人は本来みんなまん丸
②
「足りない」「欠けている」
と欠乏感を感じている
③
自分じゃない誰か
遠心力が働かない
④
女性本来の姿
女性のエネルギーは遠心力
⑤
男性本来の姿
男性のエネルギーは求心力

私たちはみんな苦手なことも得意なことも両方あって、どちらも全部ひっくるめて**もともとはまん丸な完璧な存在**で生まれています。

苦手なところや得意なところは一人一人違って、それを個性と呼びますよね。

そして個性はその人の魅力でもあるから自分とは違うものを持つ人に惹かれたり、逆に同じものを持つ人とは共鳴したりして、互いに尊重し、助け合って、まぁるい調和のとれた世界を一緒に造っていくわけです。

それにはデコもボコもどちらも必要で、両方あるからこそ一人一人が「まん丸で完璧な存在」なのです（図1－①）。

でも成長していく中で「思っていることを言ったらわがままだと嫌われた」「いい子にしていないと怒られた」「『どうしてそんなこともできないの？』と叱られた」「役に立つ人間にならないと必要とされない」などと誰かから言われたり、苦い経験をしていくうちに「ありのままの私では欠けているんだ。もっとみんなに認められる自分にならないと愛されない」と思い込んでいきます。
そしてその欠けている部分を外に埋めにいこうとします（図1－②）。

自分は欠けているわけだから、外の世界から埋めてもらうしかないですものね。

自分の意見は飲み込んで人に合わせることで嫌われないようにしたり、「すごいね」と認めてもらえるようにたくさん資格をとったり、自己啓発のセミナーに行って自分を変えようとしたり、セラピーを受けて過去のトラウマを癒そうとしたり、素敵な人が集まるイベントに参加してその一員であるように振舞ったり……。

でも自分の欠けているものを埋めるために行動したはずなのに、満たされるどころかさらに欠乏感は強くなり、セミナーやセラピージプシーとなってさまよったり、資格ばっかり増えるけれど本当は何がやりたいのかわからなくなっていたりしている人は意外と多いのではないでしょうか。

まさに「仕事を辞めて掃除をしろ」と言われた時の私がそうでした。

好きなことが仕事になり、しかも自分のペースで自由に働くことができ、9年間もたくさんのお客様に足を運んでいただき、夫婦仲もよかったので、公私ともに充実しているように見えていました。**なのに、私自身はなぜか原因不明の欠乏感を感じていました。**欲しいものはすべて手にしているはずなのに、なぜか満たされない。でもその「なにか」が何なのかわからない……といつもモヤモヤ、突き抜けない感覚があっ

たのです。

本来まん丸だったはずの私たちは成長していく中でいったい何が欠けていったのでしょうか？

いいえ、欠けていたのではなかったのです！

動くおうち瞑想をしていると突然イメージや映像のようなものが浮かび上がってくる時があります。そしてそういう時はそのイメージや映像が何を意味するのか一瞬でわかったりするのです。

この図が浮かんできた時もそうでした（図1-③）。

「私たちは欠けているんじゃない。くっついていたんだ！」

どういうことかというと、**もともとまん丸な私たちはありのままの自分ではダメだと思い込み、自分とは違う別の誰かになろうとしていたのです。**

それが図1－③の外側の大きな丸です。

それは自分が描く理想の自分像かもしれないし、目標とする憧れの誰かかもしれません。

本来のまん丸な自分でよかったのに、自分じゃない大きな丸になろうとしていました。だって大きな丸になったら叱られたり、仲間はずれにされることなく、みんなから愛されると思っていたから。大きな丸になったら私は幸せになれるって思っていたから。

そのために、セミナーに通ったり、資格をとったり、憧れの人が集まる場に参加したり、自分の本音に嘘をついて人に合わせたり、やりたいことよりしなきゃいけないことを我慢してやったり……。

「ありのままの自分では愛されない。幸せになれない」と思い込んで、欠けているものを外の世界の何かで埋めようとしていました。

そんな思い込みや行動がもともとまん丸な自分にコブのように幾つもくっついている。そんなイメージです。でもどんなにコブをくっつけても大きな丸にはなれなくて、**求めれば求めるほど欠乏感はより大きくなっていきます。**そしていつしか元のまん丸な自分が見えなくなるくらいコブをつけすぎて、本来の自分がわからなくなってしまうのです。

主人の雷が落ちた時の私はこの状態だったわけですね。

それが掃除をしていくうちにどうなったのでしょうか。

「私は正しい」というコブ（思い込み）がポロリ、

「主人は私の敵だ」というコブ（思い込み）がポロリ、

「仕事を辞めたら私は全てを失う」というコブ（思い込み）がポロリ、

「家にこもってたら誰からも忘れられて必要とされなくなる」というコブ（思い込み）がポロリ……。

こうやってポロリ、ポロリとコブが剥がれ落ちていったのです。

本当にすべて思い込みでした。

実際に私の掃除のやり方は違ったし、でもそもそもが「正しい」「間違っている」と争わなくていいんだってこともわかりました。

主人は敵どころか、私の一番の味方だったし、仕事を辞めたら全てを失うどころか、本当に欲しかったものは全てもうすでにあったこと、そしてなくなることはないのだということもわかりました。

家にこもっていても、大切な人たちとはいつだって繋がっているということも感じられました。

不安や恐怖、不信からくる不必要な思い込みが剥がれ落ちていったら、自分の内側から「嬉しい」「楽しい」が溢れ始めたのです。

ハタキが喜んでいる。
家も喜んでいる。
お掃除楽しい。
気づきがいっぱいある。
どんどん綺麗になる。
家の気が変わっていく。
嬉しい、嬉しい、楽しいって。

あんなに嫌いで、嫌々やっていた掃除がこんなにも嬉しくて、楽しくて、幸せを感じさせてくれるなんて。

その内側からの喜びは尽きることがなく、まさに言葉通り溢れ出してくるのです。

そして、**埋めなくてはと思っていた私の欠乏感をあっという間に満たしていったのです。**

「なに、これ？　あんなにも必死になって埋めようとして全然埋まらなかったものが家で掃除しているだけで埋まっていくなんて。埋まるどころか次から次へと溢れてくるじゃない！」

そうなんです、コブが剥がれ落ちて本来のまん丸に近づいていくにつれて、どんどん喜びが溢れてくる。その時に浮かんできたのがこの図のイメージだったのです。

女性のエネルギーは遠心力で内から外へと拡散して広がっています。

その遠心力の中心は宇宙と繋がっていて、宇宙からのエネルギーが内側からどんどんと「嬉しい」「楽しい」と喜びのエネルギーとなって溢れてくるのです（図1－④）。

でも、まん丸にいっぱいコブがくっつき出すと、どんどん重たくなっていつしかその遠心力を止めてしまうほどになっていきます。

そうすると「**楽しい**」「**嬉しい**」**が湧いてこなくなって本当は何が好きなのか、何にワクワクするのかがわからなくなってしまいます。**

自分のことがよくわからないとか、いろんなことに興味はあるけれど本当に好きなことがわからないという方は、こんな状態になっているのかもしれません。

ということはこのコブを一つずつ取り除いていけば本来の自分の姿が見えてくるし、どんどん軽くなって遠心力が働き始め「楽しい」「嬉しい」が溢れてくるというわけです。

私たちは欠けているのではありません。

くっつけすぎていたのです。

外の世界が私の足りないものを埋めて満たしてくれるのではありません。

私自身の内側から無限に溢れ出す喜びが私を満たすのです。

動くおうち瞑想はそこに気づくためのファーストステップ。

潜在意識の奥に潜り込んで認識できなくなっていたものたちが「あれ、ここにこんなもの置いてたんだ」と意識上に上がってくるように「あれ、私こんなこと思い込んでいたんだ」とくっつけていたコブに気づくことなのです。

あえてお掃除からスタートしたのには、そういう意図があったからです。

さあ、ではここからは物の整理を通して、コブを手放していきましょう。

物にも意識がある

家にも意識があるというお話をしましたが、それと同じように物にも意識があります。

宇宙におけるあらゆる生物はもちろん、無生物にも意識があり、役割があり、魂があり、生命エネルギー（波動・振動）が宿っています。

木や石、花には精霊がいる感じがしたり、風や水、火にもエネルギーを感じるという方はいるでしょう。

でもそれだけでなく、コップや文房具、お鍋にだって意識があります。

だって、16年間押し入れで眠っていたはたきを初めて使った時、はたきがとても嬉しそうに、誇らしそうに、心躍らせているのを確かに感じましたから。

たとえば、家の中で気がついたらすぐ物が山積みになってしまう場所ってありませんか？　そこにはどんなものが置かれているでしょうか？

我が家の場合はキッチンのカウンターに「あとで片付けよう」「あとでゆっくり見よう」といろんなものを一時置きしがちです。

手が空いた時にすぐに処理してしまえば、あっという間にリセットできるのですが、「あとで」「あとで」と溜め込んでしまうと一体どこから手をつけていいのかわからないほどに山盛りになってしまいます。

この様子が私には、**最初に置かれたものたちが「私は後回しにされている。忘れられている」という波動を出していて、同じように後回しにされているものたちがそこに引き寄せられているように見えるのです。**

そしてそういうものが山盛りになっている時、**私自身も自分のことが後回しになっ**

ていて、焦りを感じたり不安で落ち着かなくなったりしています。

またちゃんと収納場所が決まっていないから「とりあえずここに置いておこう」と仮置きされる物たちもいます。私たちも帰る場所がないと不安で落ち着かないように、住所不定の物たちもそんな波動を出しています。そして同じく帰る場所がない物たちを呼び寄せて住所不定の物たちの吹き溜まりになっている場所もあるかもしれません。

もしくは「やりかけ」の物たちが集まっていたり、「片付けられない」物たちが集まっていたりする場合もあるかもしれませんね。

意識して観察してみると同じ波動を持つものたちが集まってきていませんか？

あなたのおうちに山積みになっているのはどんな物たちでしょうか？

物の役割・使命について考える

物にはそれぞれ役割があります。


たとえば服の役割について考えてみましょう。

機能面でいうと、服には体を守るという役割があります。紫外線や虫から身を守ってくれたり、体温調節の補助をしてくれたりもしますよね。

社会的機能から見ると、その人が社会においてどこに属する人かを示す役割もあります。たとえば、お医者さんや看護師さん、警察官や消防隊員、学校の制服などは何も言わなくてもその人が何者であるかを表していますよね。

時代によっては社会的階級を示すものでもあったでしょう。

また、自己表現というファッションの視点から見ると、服は着る人の個性を引き出し魅力的に見せるという役割もあります。

このように服一つにもいろんな役割があるのですが、服は着られた時に初めてその役割を果たすことができます。


そこで、あなたのクローゼットを思い浮かべてみてください。

そこにある服は全ていつも着ている服ですか？


以前の私のクローゼットには今の3倍近くの服がありました。

それなのに毎朝、着る服がないと思うのです。

「そういえば買ったまま一度も着ていなかった服があった。あれにしよう」そう思って鏡の前で着てみるとどうも似合わない……。

ちゃんと試着して買ったはずなのに、こんなに似合わなかったかな。そう思いながら別の服を着てみるものの「やっぱりなんかしっくりこない……」

じゃあ、あれは？　これは？　そうやって次々に着ているうちに時間がなくなって「あー、もうこれでいいや！」ととりあえず手にした服を着て慌てて出かけていく……楽しみにしていた集まりに参加するのに、散々迷って、あれこれ試着した服を放置したまま、最終的には「これでいいや」という服で出かけて行くという散々な状態でした。

そして帰ってきた時に、朝着てみた服の山を見てうんざり……という繰り返し。着る服がないと思っているので外に出てはまた服を衝動買いしてしまい、さらに服が増えるという悪循環でした。

掃除をしていく中で「家にも、物にも意識がある。それぞれの役割がある。そしてその役割を果たす時にこんなにも喜び、輝くんだ」と気づいた私は自分のクローゼットの前で呆然としました。服たちが意気消沈して、まさに生気を失っているように見えたのです。「どうせ私は……」と拗ねたり、自信を失っている服たちもいました。
そしてそれはまさにその時期の私自身の姿に見えたのです。

物たちにもエネルギーがあり、波動を持つということは、周りに影響をもたらす力があるということです。

つまり「とりあえずこれでいいや」という自分の思いが物に影響を与えるのと同じように、**「どうせ自分には力や才能を発揮することはできない」という物たちが放つエネルギーも、私たちの思考や在り方に影響を与えます。**

そう、お互いに影響を与えあい、深く繫がって、互いの姿を映しあっているのです。

クローゼットだけでなく、家中の物たちが発するエネルギーが住む人に影響を与えているのだとしたら……？

あなたの家は今、どんなエネルギーで溢れていると思いますか？

家中のエネルギーを感じてみたその時の私は「これは大変――！」とさっそく取り掛かりました。物たちは動けませんからね、私が行動しなくては何も変わりません。そこでまずは物と一つ一つ向き合うことから始めていきました。

物を大切にすることは自分を大切にすること

物を手放す基準にはいろんな考え方がありますが、私は「その物をちゃんと活かせているか」を重視しています。

物を持つということは、その物に対して責任があります。

たとえば犬や猫を飼うのだとしたら、ちゃんと最後まで愛情と責任を持ってお世話をするのが当たり前だと思うでしょう。それが物となると、そんなふうに考える人は少なくなります。

でも、同じように意識や魂をもつものであると考えるなら、物に対してもちゃんと最後まで愛情をもって活かしきる責任があると思います。

生物であれ、無生物であれ、**何かを所有するということはそれが自分と繋がり、自分の一部になるということ**です。

物を大切に扱うというのは、自分自身を大切に扱うことなのです。

私の主人は昔から物を大切にする人でした。

私が「あれがない」「これがない」と捜し回っていると「一体どうしてそんなに物がなくなるの?」と主人にいつも言われていました。

「物は自分の一部。あれがない、これがないと言うのは、自分の手がない、足がないと捜し回っているのと同じことだよ」と。その時の私は彼が言っている言葉の意味がよくわかりませんでしたが、今なら理解できます。

物に対して責任を持つということはちゃんと管理をし、役割を活かすことです。

それには「**自分が何をどれだけ持っているのか**」**を把握する必要があります。**

この「把握できる量」が自分のキャパシティであり、それを超えて持ちすぎてしまうと常に焦りや不安の気持ちで行動するようになるので、ますます物が増えて自分を追い込むという悪循環に陥ります。

逆に物が減れば減るほど、管理するのは楽になり、スペースだけでなく気持ちにもゆとりが持てるようになり、今の暮らしの豊かさを感じられるようになっていきます。

もしあなたが以前の私のように、何かを持つことで満たされると思っているのだとしたら……。

意外にも物の量と幸せは反比例するものなのですよ。

ぜひ騙されたと思って試してみてくださいね。

ハードルの低いところから始める

クローゼットを見て愕然とした私ですが、一番はじめに整理したのは洗面所でした。なぜなら服よりもハードルが低く、簡単にできそうだったから。

ハードルの高いものは時間がかかり、途中で気力も体力もなくなり、一気にやりきることが困難です。

そして中途半端なまま終わると、さらに焦りや挫折感を味わうことになり、改めて続きをしたり、新たに別の場所をやってみようという気持ちも起こらなくなってしまいます。

ですから、**うまくいくポイントは気になっているところからではなく、簡単にできそうなところからやってみること。**

そうするとできた時の達成感や気持ちよさを確実に味わうことができ、その感覚が次への原動力となります。

また、小さなステップからだと「高かったから」とか「まだ使えるから」という心の抵抗も小さいので向き合いやすいのです。

まだ使えるものはもったいないと感じたり、物には意識があると知ったらなおさら捨てられないという方もいます。

思い出したことでまた使いたいと思うものはぜひ使ってください。

でも、今使わないのだとしたら、やはり今後も使うことはありませんから、**その心の痛みを感じながらちゃんと処分してほしいと思います。**

だって痛みを感じないなら、また同じことを繰り返しますよね。

心の痛みを感じれば感じるほど、これから物を手にすることに慎重になると思うのです。

「安いから買っておこう」「とりあえずもらっておこう」というのも減るでしょう。

その痛みを感じないで済むように「捨てない」という選択をすることは、ちゃんと向き合うべきことから目をそらして先送りにしているだけです。

「活かしてもらうこともできない、でも自由にもしてもらえない」なんて**自ら動くことのできない物たちにとって生殺し状態**です。

そしてあなたが所有しているものがあなたの一部なのだとしたら、それはあなた自身の姿でもあるのです。そうとなったら目をそらしている場合ではないですよね。

いきなり大きな思い込みを手放したり、価値観を書き換えるのは難しいものですが、焦らずゆっくり、抵抗の少ないものから手放していくことで、気がついたら大きな課題にもちゃんと向き合えるようになっていきます。

赤ちゃんがいきなり立って歩くのではなく、はいはいをして、つかまり立ちをして歩き出すように、自分育てもゆっくり1ステップずつ見守っていきましょうね。

物と向き合うと手放し方もわかるようになる

物の手放し方にはいろいろあります。

先ほども言ったように痛みを感じながらゴミとして処分するのもその一つです。が、その中には「私は使わないけれど、誰かが必要なもの」もあるでしょう。リサイクルショップも全国にたくさんありますし、今は個人で中古品の売買ができるアプリなども充実していますので、ぜひこういったものも活用してみてください。

そして、私がたびたび体験したのは、**ものが自分の行き場所を教えてくれるということでした。**たとえばこんな感じです。

私のクローゼットの前に、使わなくなったトルソーが置いてありました。

服のコーディネートをしたり、簡単なお直しをする時に使っていたものなのですが、めっきり出番がなくなっていました。

処分しようと分解してとりあえず袋にまとめ始めたのですが、そうするとふと「Kちゃん！」と声が聞こえました。

いいえ、本当に声が聞こえるわけではないのですが、テレパシーのようにトルソーから何かが伝わってくるのです。

「え、Kちゃん？」

「そう。わたし、Kちゃんのところに行く！」

「ええ⁉　じゃあ、まずKちゃんに聞いてみなきゃ。写真撮るからもう一度組み立てるね」

そう言って組み立て直し、クローゼットの前で写真を撮ろうとすると「ここじゃない。あっち」と階段の方を指すのです。

「え、あんなところで撮るの？」

そう言いながら階段のところまで持って行くと、なるほど、天井の窓から差す光でとても綺麗に写りました。

「ほらね、この方が私の良さが引き立って見えるでしょう？」

そう言っているかのような誇らしげな様子です。

さっそくその写真をKちゃんに送って「トルソー要らないかな？」と聞いてみるとなんと「欲しい！」と即答。

「ええー！　Kちゃん要るって！」

「ほらね。私Kちゃんのアクセサリーつけるの。すごく素敵に見せるからね。お客さんもきっと気にいるわ」


そうなんです、Kちゃんはアクセサリー作家さんで、ご自身のショップも経営されているのです。私も彼女のショップに何度か行ったことがあるのですが、正直「彼女のお店のどこにこの大きなトルソーを置く場所があるんだろう？」と思っていました。

そして数日後、彼女のショップにトルソーを届けに行ってびっくり。

お店のレイアウトが変わっていて、ちゃんと窓際にトルソーを置ける場所があったのです。

「私ね、トルソーが大好きでずっとお店に置きたかったんだけどスペースがなくて諦めていたの。この話を聞くのがもうちょっと前だったら置く場所がないって断ってた。でもちょうど1ヶ月ほど前にお店のレイアウトを変えたところだったから、聞いた時に今なら置ける！　って思ったの」

しかもそのトルソーのデザインが私の家以上に彼女のお店の雰囲気やアクセサリーにぴったりで、とっても素敵に輝いて見えたのです。

きっとこれからそのトルソーにぴったりな雰囲気の素敵なアクセサリーが飾られ、

お客様の目を惹いていくことだろうなと思うとワクワクします。

ここまでドラマティックな感じじゃなくても、「この子はどこにいくのかなあ。どこに行ったら輝くのかなあ」と思っていると、ふと誰かの顔が浮かんだり、行く先がひらめいたりすることがあります。

そんな時はぜひ、その直感やひらめきに従って行動してみてください。

「そんなの、迷惑かもしれない」とか「断られたらどうしよう」と無視しないでくださいね。**その直感やひらめきは**

自分の内側からのサインです。

それを受け取って素直に行動することで、自分の道しるべはちゃんと自分の内にあることを確信できるようになっていきます。

それが自分を信じるということ、自分自身とのパートナーシップなのです。

お気に入りのものに囲まれて暮らす

レッスンの時に受講生さんに「あなたのお気に入りのものはなんですか？」と聞くと「お気に入りってどういうものですか？」と逆に質問されることがたびたびあります。

お気に入りというのは、大好きなもの、目に入るだけで胸がワクワク、キュンキュンするものです。

「これでいい」じゃなくて「これがいい」と思えるもの。

「そういわれてみるとお気に入りのものなんて何もないかもしれない」という方が意外といるのです。

「別に気に入ってないけれど、使えるからこれでいい」「貰い物があるし、趣味じゃないけど新しく買うとお金もかかるから、とりあえずこれでいい」と、家中貰い物や「とりあえずこれでいい」ものでいっぱいなのだそうです。

「あんまり考えたことなかった。なんでもいいと思っていた」とか、「そもそも自分が何が好きなのかもわからない」という人もいます。

「これでいい」「とりあえず」という物で溢れている家は、物だけでなく何事に関しても「とりあえず」「これでいいや」と思っているあなたの心の在り方を映し出しています。

「どうしてこれでいいの？」と質問すると、「私にはこれで十分」とか、「こんな些細なものにお金をかけるのはもったいない」とか、「どうせ人に見られるものじゃないから」といった答えが返ってきます。

自分が持つ物は、自分の一部であり自分自身ですから、物に対してそう思っているということは、自分自身に対してもそう思っているということになります。

好きなものがない人なんていません。本当はみんな、その人だけのオリジナルの魅力溢れる世界観を持っています。

でももし自分の内の「小さな私」が「こんなのが好き♡」と言っても「これがあるんだからこれでいいじゃない。そんなのにお金使うのはもったいないわ」とか「あなたには似合わないわ」と無視し続けていたら、そのうち「どうせ言っても聞いてくれないからもう言わない」と小さな私は好きなものを見つけても教えてくれなくなってしまいます。それが「そもそも私は何が好きなのかもわからない」という状態なのです。

でも当然ですがそれがわからなくては、「私が私らしく」輝いて、満たされて生きることはできません。

そのファーストステップとして、日々の暮らしの中で手にする一つ一つのものをあなたのお気に入りに変えていってほしいのです。

だって、**目の前の小さなものに対してすら何が好きかもわからないのに、人生においてやりたいこと、好きなことがわかるわけないですものね。**

ほら、あなたの周りで生き生きと輝いている素敵な人たちを思い浮かべてみてください。

その人たちの持ち物や食の選び方、贈り物の選び方、どれをとってもその人のこだわりが感じられませんか？

「とりあえずこれでいいや」という選び方をしていないと思うのです。

「日々の暮らしに必要なもの全てを妥協せずに本当に好きなもの、欲しいものだけにしようと思ったらすごいお金が必要だわ」と思うかもしれません。

もちろんいきなり全てを変えようとしたら大変です。

でも小さなものからでいいので、一つずつ見直してみてほしいのです。

先日生徒さんがこんな話をしてくれました。

彼女はレッスンを受けて半年ぐらい「家に意識がある」と言われても意味がわからないと思っていたそうです。掃除してもわからない。

「家は家でしょう？　家や物にも意識があるってどういうこと？　物なんて使えたらなんでもいいと思っていた」と。

そんな彼女が食器棚を整理した時に「結婚する時に人からもらったものばかりで自分が好きで買った食器はまったくない」と気づきました。

「高くていいものを買えばいいの？　でも高くても気に入らないなら今あるものでいいじゃない。私は一体何が好きなの？」

そう思いながら百均に行った時にオーブンでも使える耐熱ガラスカップを見つけて「可愛い！」と買って帰りました。


「もらいものがあるからこれでいいや」と何のこだわりもなかったのに、自分が「これがいい」と思える食器を買ってみたら、面倒くさくて絶対しなかったような一手間をかけてヨーグルトを可愛く盛り付け、ウキウキと喜んでいる自分に気づいたのです。

そして使い終わって洗う時さえ気分が違っていることにも。

料理を作って後片付けをする。

毎日面倒だなと思いながらやっているその行為が、お気に入りの食器、お気に入りのキッチンツールを使うだけでワクワクに変わったり、嬉しくなったりするのです。

毎日私たちが触れるものが「どうでもいい」「なんでもいい」ものなのか、「大切で大好きな」ものなのかで、私たちの暮らしは１８０度違って見えたりします。

それだけ物たちが持つエネルギーは大きいということ。

そうして、不平不満がさらなる不平不満を生み出すように、喜びもまた連鎖して生み出されていくものです。

ガラスカップの次はお箸置きも……。そんなふうに自分の好きなものや、本当はどんなふうに暮らしたいのかがわかっていったら「好きな服」も明確になっていきました。

でも、その時一目惚れしたセーターは彼女にとってはちょっと高すぎました。

「可愛いけど買えないな。でもやっぱり可愛い。好き」

そう思っていた時に、たまたまお義母さんと一緒に買い物にいく機会があり、半分援助してもらえて買えるようになったのです。

「なんでもいい」と思っていた彼女の暮らしに小さなお気に入りが一つ一つ増えていって、ご機嫌で過ごす時間が増えていきました。

彼女のご機嫌な時間が増えるといつも怒ってばかりだった娘さんが笑うことが増えて、よくぶつかっていたパパとの関係もどんどんよくなっているそうです。

彼女の場合、始まりは百均のガラスカップです。

お気に入りのものを揃えるお金がないなんて、つまらない言い訳ですよね。

たくさんお金をかけなくても今できることから楽しみながら、一つ一つゆっくり叶えていけばいいのです。

日常をお気に入りで満たすということは、自分の中の「小さな私」のワクワク、

キュンキュンに耳を傾けて、できる範囲で叶えてあげることです。

そうやって今できる範囲で喜びを生み出していけば、今までの自分には手が届かなかったようなものも軽々と舞い込んでくるようになったりするのです。

いきなりハードルを上げて遠くを見て、自分にはできないと嘆いたり諦めたりするのではなく、目の前のできることから一歩ずつ始めていきましょうね。

捨てられない理由はなんですか？

さあ、整理をしていく中で捨てられないものはありましたか？
もしあったとしたらそれはなぜでしょう？

生徒さんの中に現在9歳になる娘さんの育児用品が捨てられないという方がいました。

自営で結婚してからずっと一緒に働いてきたご夫婦でしたが、産後は専業主婦として育児に専念していました。その彼女に対してご主人は毎日のように「家で遊ばせてやっている」と言っていました。

押し入れいっぱいに詰まった育児用品は彼女にとって「私はちゃんと娘を育てていた。遊んでいたわけじゃない」というまさに育児の証だったのです。彼へのあてつけでもあり、それを手放したら本当に遊んでいたことになるんじゃないかという恐怖でもありました。

それらを捨てられない彼女は娘さんに相談します。するとと娘さんは「私に見せないで捨てて。見たらいろんな思いが湧いてくるから。でも私は聞かなかったら知らなかったんだからお母さんの判断で捨てたらいいよ」と答えます。

それを聞いて彼女は**私が育てた証はこの育児用品ではなく、目の前にちゃんとあることに気づきました。**

「育児に専念していた私の時間は、こんなことまで言えるくらいに成長した娘と共にあり、私の中にもすでにある」

そう思えたら押し入れいっぱいの育児用品をすんなりと手放せたのです。

彼女にとって育児用品は「娘と共に過ごした時間」であり、「大変さや喜びなどが入り混じった数々の経験」の象徴でした。

だから**物を手放すことはそれらが象徴する時間や経験まで失ってしまうように感じていた**のですね。

でも、彼女はそれが物ではなく、自分の内にすでにあると気づき手放すことができました。

こうやって捨てられない理由を掘り下げていくと、自分が何を不安がっていたのか、何に執着していたのかなどが見えてきます。

よく皆さんが口にする「高かったから捨てられない」という理由にもいろんなパターンがあります。

高かったというのはただの口実で、安くても捨てられない、つまり実は金額の問題ではなかったという人もいますし、逆に物そのものではなくて値段、つまりお金に執着している人もいます。

高かったのにあまり使わなかったとか、その値段に見合う価値を感じられず未練がある場合もあるでしょう。

「使っていないのに捨てられない物」はあなたの不安や窮屈な思い込み、執着の象徴です。

つまりその象徴を手放すということは実体である不安を手放すこと。

物を手放すたびに自分の中にすでにあったものに気づき、そこから本当の安心が生まれるのです。

物が減れば減るほど、より豊かさを感じられるようになるのはそのためなのです。

第4章

暮らしのシステム化

～ゆとりを持つ・自由になる～

システム化すると「今」を生きる時間が増える

不要なものを手放したら、より自分らしく生きるために暮らしをシステム化していきましょう。

ここでいうシステム化とは「家事や暮らしの動線を考えて物の置き場所や収納方法、行動を決める」ということです。

つまり暮らしの段取りや仕組み作りです。

たとえば、何も考えずに掃除をしたらどうなるでしょう?

順番を間違えて一からやり直しになったり、道具を取りに何度も同じところを往復したり、気がついたら同じところを拭いていたり……。

無駄な動きが多く、時間や手間がかかる割にはあまり綺麗にならなかったりしますよね。

プロのお掃除は決められた時間内に手際よく行われ、しかも綺麗になります。**それは掃除の段取りがきちんと決まっているから**です。

つまり、「家のお掃除も段取りを決めてしまおう」というのが暮らしのシステム化です。

掃除だけでなく、それぞれの物が使う場所に出し入れしやすく収納されていたり、毎日の家事の段取りが決まっていると、無駄な動きが減り、最低限の労力で心地よく快適に過ごせるようになります。

時間や心にもゆとりが生まれ、「あれもこれもしなきゃ」という束縛から解放されていきます。

日々の暮らしの中の小さな「不快」を「快」に変えていく

心地よい暮らしのシステムを作るためには、**まず日々の小さな「不快」に気づくことから**です。

改めて言われると何が不快なのかわからない人もいるかもしれませんね。それはとても些細なことで、取り立てて騒ぐほどのことでもないからです。

実は日々見過ごしている小さな不快は結構たくさんあって、そんな無意識層のストレスが積もっていくと「どうしてかわからないけどしんどい、やる気が出ない、イライラする」ということになっていきます。

些細なことの集まりだからこそ原因がなんなのか、どこから解決したらいいのかがわかりづらいのです。

これは家の中のシステムだけでなく、**日々の感情においても同じことが起こっています。**

「いいよ」と言ったけれど、本当はあんまりやりたくない。

「大丈夫」と言ったけれど本当は結構落ち込んでいる。

こっちがいいなと思ったけど、みんながあっちがいいって言ったから余計なことは言わないでおこう。

そんなふうに**自分の中で感じた小さな違和感をなかったことにして過ごしていくと、ある日突然大きな無力感に襲われたり、訳のわからない苛立ちが湧いてきたりします。**

自分でも抑えていると気づいていないほどの些細な不快感、違和感でも、積み重なると日々の感情や行動に影響を与え始めるのです。
そんな見過ごしている不快感に目を向けることがシステム化のポイントになります。

「不快」の中には本音が隠れている

たとえば私の場合、洗面所で手を洗った後にタオルで手を拭く時にいつも一瞬ためらうことに気づきました。

その時の我が家では、洗面所のタオルを壁のタオルホルダーにかけて使っていました。

もともと壁にホルダーがついていたし、実家でもそうして使っていたし、洗面所のタオルはそういうものだと思っていたのです。

でも、綺麗に手を洗った後にそのタオルで手を拭くのを不快に思っていることに気づいたのです。


理由は、家族も一緒に使うので湿っていたり、汚れている時があるから。

「じゃあ、どうしたいの？」と自分自身に聞いてみると、

「本当は綺麗な乾いたタオルで拭きたい」

「でもそれだと洗濯が大変でしょう？」そんな思考も出てきますが、**まずは自分の願いを実際に叶えてみるのです。**

洗った手や顔を拭くだけのタオルだから小さなハンドタオルで十分。

それを何枚か用意してよくホテルで置かれているようにカゴにセットしてみました。

顔や手を洗った時に毎回新しいタオルで拭いて、そのタオルで洗面所に飛び散った水滴もさっと拭いてそのまま洗濯カゴへ。

これが想像以上に気持ちよく、手を洗うたびに嬉しくて、本当は今まですごく不快だったんだということに改めて気づきました。

実際小さなタオルを使い始めるまではそこまで不快に感じているとは思っていなかったのです。

我慢というほどでもないし、軽く見過ごしてしまえる程度の不快感。

でも小さなタオルに変えてからは、一度たりとも元に戻したいと思ったことはありません。

洗濯も思っていたほど手間ではなく、毎回乾いた綺麗なタオルを使える気持ち良さの方が何倍も優っています。

これはあくまでも私の例ですが、「そういうことなら私はこれが不快かも」と何か思い浮かぶことはありましたか？

小さな不快に気づいて「本当はどうしたい？」と自分の願いを叶えていくと、思っていた以上に気持ちよく満たされている自分に気づくことでしょう。

ただ、完璧主義は手放してください。

だって完全に理想通りにできないこともいっぱいあるから。

「新しくてピカピカな洗面所だったら」とか「もっと広かったら」とか希望を言いだしたら際限なく出てくるかもしれません。

でも変えられないことを言い訳に「だから何をしても無駄」と諦めるのではなく、**できる範囲で自分の小さな願いを叶えるのです。**

それは今ある環境の中で自分を丁寧に扱い、ご機嫌にしていくことに他ならないのですから。

真の力は細部に宿る

「暮らしのシステム化」というとずいぶん大げさな感じがしますが、実はこんな些細なことばかりです。

いちいち掃除道具を取りに行くのが面倒だから使う場所に設置したり、天気や時間を気にしながら洗濯をするのが嫌だから快適に部屋干しできる工夫をしたり、料理するたびに野菜を袋から出して洗うのが億劫だから買ってきた時に一気にまとめて袋から出して洗い、すぐ調理にとりかかれるようにしたり。

一つ一つは些細なことだけど、実際の暮らしは想像以上に快適になり、ゆとりができ、今まで億劫だった家事がノンストレスになったりすることもあります。

日々の小さな不快の積み重ねが積もりに積もって意味不明の怒りになるように、**日々の小さな心地よさの積み重ねも何の前提もなく湧きあがる喜びになっていきます。**

そして**毎日の暮らしの中で何を積み重ねていくかは自分自身で決めることができるのです。**

私たちは自分の人生においてこんなにも自由で、多くの可能性を与えられています。

私は**小さなことを一つ一つ「本当はどうしたい？」と自分の声を聞き叶えていく中で、「自分で自分の人生をクリエイトしていくってこういうことなんだ」とふと感じました。**

大げさに聞こえるかもしれませんが、人生はこの日々の暮らしの延長線上にあるものです。

些細な暮らしの一部も自分の本音に従ってクリエイトできないのに、どうして人生を変えていくことができるでしょう？

物事を動かしていく大きな力は、こういう細部に宿っているのだと思います。

システムは自分の「心地いい」を基準に作った枠

こうやって仕組みや段取りを決めてしまうと、「その通りにやらないといけないから大変なんじゃない？」とか「できなかった時にがっかりする」という人もいます。

私たちは今までの環境の中で「決められたことはちゃんと守らないといけない」と教えられてきましたからね。

でも決めた通りにできなくてもいいんです。

だって、体調が悪い日だってあるし、それが一日では回復しない時もある。

体だけじゃなくて心の元気がない日もあるし、生きていたらいろんな日がありますよね。

毎日同じことを同じようにできなくても、それはとても自然なことなんです。

だからできなかったと自分を責める必要もないし、1週間できない時が続いても、また今から始めたらいい。

だって毎日新しい一日がスタートするんだもの。


ここでするシステム作りは、毎日欠かさずやり続けることが目的ではありません。より心地よく、心豊かに過ごすためのシステムなんです。


家にいる時間や家事が楽しくなってきたと思っていたのに、体や心がしんどくて何もできない日があったなら、こんなふうに感じてみてください。

「ちょっと予定を入れすぎてたかな？　今日はぼーっと何もせずに過ごしてみよう」

「最近急に寒くなったのに薄着でいたから冷えたかな」

「あー、今やってること、本当は違和感を感じてたのに気づかないふりをしていたかも。知らず知らずのうちに力が入ってたかなー」

できない自分を責めたり、無理矢理頑張るんじゃなくて、「どうしたの？」と心や体に寄り添ってその声に耳を傾けてみる。

日々の暮らしのシステムが決まっているからこそ、毎日の気分やテンションの違いがわかりやすいと思います。

そしてもう一つ、段取りが決まっているということは、**何も考えなくても決めた通りに動けばいいということ**でもあります。

たとえば、悲しみや不安に心が沈むことも人生にはたびたびありますよね。

そんな時、何も手につかずぼーっとしているとますます心がふさぎ込んでいったりしませんか。

そんな時こそ敢えて体を動かしてみるのです。

以前の私には考えられませんでしたが、**今はそんな時こそ掃除をします。**

1か所集中の動くおうち瞑想でもいいし、ハタキを持っていつもの手順で家中掃除してもいい。

段取りなんて考えなくても順番もやり方も全部決まっているから普段通りに手を動かすだけ。

そうやって掃除をしているうちに、胸を押しつぶされそうになっていた悲しみや不安が薄らいでいたり、ふと何かに気づいたり、前向きに捉えられるようになっている自分がいます。

生徒さんたちも不安になったり、ネガティブな感情に心をとらわれそうになった時に「とにかくお掃除します」と言われる方が多いです。

そうしていると心が落ち着いてきたり、物事の捉え方が変わってきたり、やる気が湧いてきたりするから。

そんな気分じゃないはずだったのに、不思議ですよね。
もちろん、やる気が出ない時は休んだっていいんです。
休みましょうというサインでもあるのだから。
どちらでもいいんです。
その時の自分が感じるままにいろいろやってみてください。
やってみることで見えてくるものが必ずあります。
きっと日によって答えも違う。違っていい。
だって動けない理由はいつも同じではないのだから。

ここでいうシステムって一つの枠なんです。
自分で自分の「心地いい」を基準に作った枠。
枠があるとはみ出したらわかりやすいでしょう？
そこから気持ちや行動がはみ出しちゃう時は、「今の私はどんな状態？」って自分に問いかければいいんです。

もしその枠がなければどんどん自分の軸がずれていっても気づかなかったりします。

ここで作るシステムは「日々の暮らしを効率よく快適に」というだけじゃなくて、自分にとって心地よい心と体のスペースを教えてくれるものでもあるのです。

もちろんそれは一度決めたらずっと同じってわけではありません。

特に女性は結婚、出産、子育てなど、それぞれのステージで心地良い範囲が変化しますよね。

だから、違和感を覚えたらどんどん変えていけばいい。

自分も周りも成長していくのに、一回決めたら終わりなんてありえないですものね。

そうやっていつも「今の自分」と対話していくのです。

第5章

愛と豊かさが循環する女性の在り方

家を通して「本当のわたし」と出会う

どうでしょう、家は自分の鏡だという意味がわかってきましたか？

「忙しくて心が乱れている時は家も散らかっている」という単純な話ではなく、**深く向き合うとそこには思考の癖や思い込み、価値観、自分自身への評価などあらゆるものが映し出されていることに気づかされます。**

そしてそれらは自分でも「そんなこと思っていたの？」とびっくりするほど、ネガティブなものだったりします。

図1で説明したことをちょっと別のたとえで図にしてみましょう（図2－①）。

「私にはできない」「私には○○がない」といった思い込みは知らず知らずのうちに私たちの潜在意識に入り込み、不安や恐れ、無力感や不信感という種を蒔いていきます。

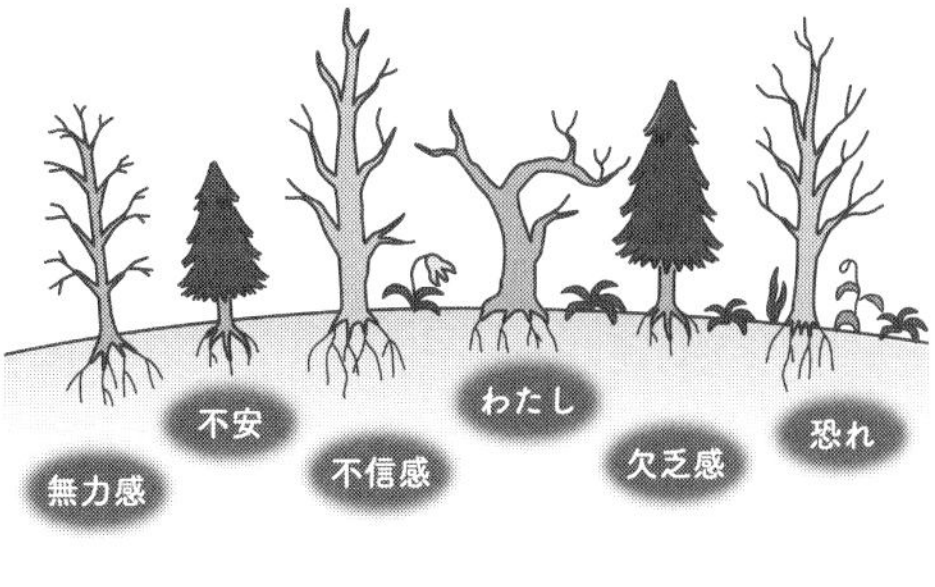

図2-①

そして、その種が私たちの潜在意識にどんどん根を張り、わさわさと大きく育ちすぎてしまうと不安や恐れ、無力感といった雑草に「わたし」という木が埋もれてしまって、**いつしかどれが本当の自分なのかわからなくなってしまうのです。**

居心地の悪い雑然とした家は、まさにこの状態です。

動くおうち瞑想をしたり、物を手放したりすることで、自分の庭に生えている必要のない雑草をどんどんと抜いていきましょう。

そうしたら「こんなところに『わたし』という木があったんだ。雑草の一部だと思っていたけど、**これが私だったんだ」と今までわからなくなっていた本当の自分が見え始めます。**

そして雑草を抜いたことでちゃんと「わたし」に日が当たるようになります。

自分の本音に耳を傾け、その願いを一つ一つ叶えていくことは、「わたし」という木に栄養や水をあげて育てていくことです。

自分の心に寄り添い、それに応えていくことは、自分に愛を注ぐことであり、それによって「わたし」という木は安心、信頼、自己肯定感、喜びといった根っこをぐんぐんと張っていきます。

安心や信頼が根っこにあるなら、そこから伸びる枝も、葉も、花も、実も当然愛や喜びに満ちています。

具体的に言うと、不安や恐れが根っこにあったらできなかったようなチャレンジも勇気を持ってトライできるようになったり、つい心配で口うるさくガミガミ言っていた家族のことも気持ちよく応援できるようになったり、周りからどう思われるかが気になって言えなかった自分の思いを素直に口にすることができるようになったりするでしょう。

そうすると、周りの人たちも自然とそんなあなたに心を開くようになり、優しい言葉を返してくれたり、応援してくれたりするようになっていきます。

その様子は安定した木に安らぎを求めて、また美しい花や美味しい実に魅せられて、鳥や動物たちが集まってくる、そんなイメージです（図２−②）。

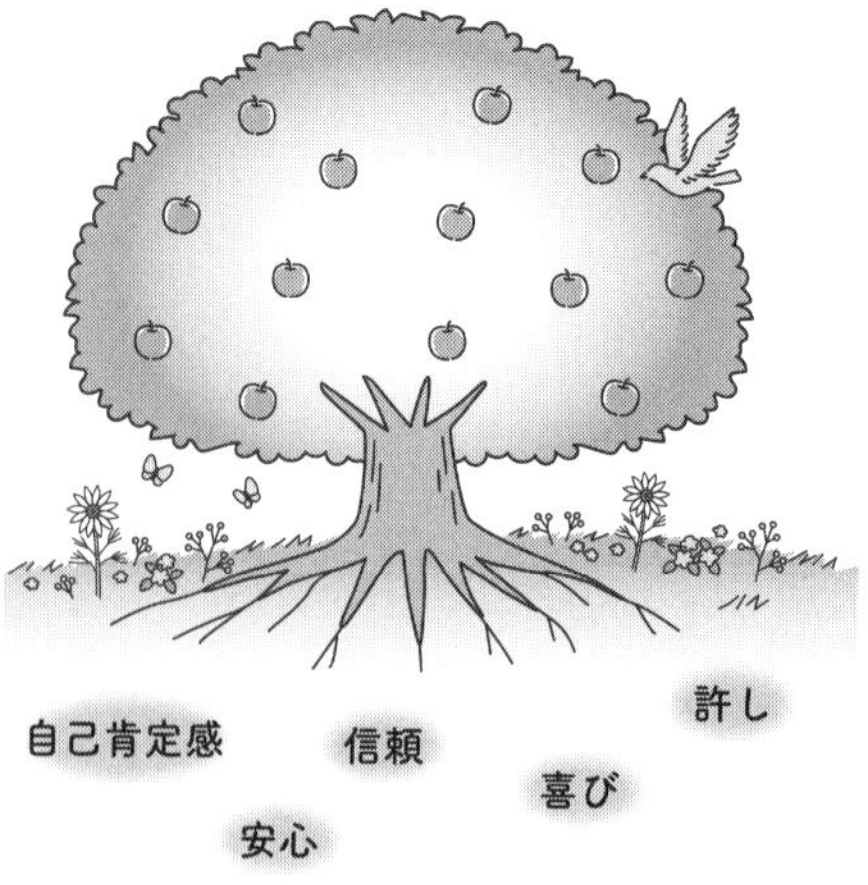

図2-②

「私の庭が雑草だらけで、あの人の庭が綺麗で楽しそうなのは土壌（環境）が違うからだ」と思うかもしれません。

あそこでなら私だってもっとのびのびと自分らしく輝けるのに、と。

でも土壌は地続きでどちらも同じです（図3）。

図3

もちろん土地によって特徴は違うかもしれない。

それなら、**その土地にあった花を咲かせればいいだけのこと。**

自分という種がその土地に蒔かれたということは、その土地でこそ自分らしく咲けるということなのだから。

この庭は私自身を取り巻く世界そのものです。

もし私の世界の中で、「わたし」が埋もれて見えなくなっているのだとしたら、それを見つけ出さなくてはいけま

せん。

そして本当はちゃんと世界の中心にいるはずの「わたし」という木を探し出して、愛を注いでいくのです。

それが「私が私らしく生きる」第一歩だから。

本当の喜びはイライラモヤモヤを感じている日常の中にこそある

セミナーやセラピーを受けまくったり、資格を取りまくったりして外に自分を満たすものを探しに行っている時って、隣の綺麗で楽しそうな庭を見て「私もあんな綺麗なお花を買いに行かなくちゃ。あんな素敵な木を植えなくちゃ」と外に苗木や花を探しに行ったりしているのと同じ状態です。

自分の庭には「ない」と思っている。

本当は私の庭の真ん中にはもうすでに「わたし」という素敵な木が植わっているのにね。


「不安」や「恐怖」「不信感」「欠乏感」といった雑草が「わたし」の上に生い茂って埋もれてしまっているだけなのです。

だから本当に隣の庭みたいな綺麗な庭にしたい、**満たされて生きたいと思うなら、まずは自分の庭を観察することからです。**


観察するというのは、単に「見る」こととは違います。

意識を向けてその対象となるものを知ろうとする行為です。

また観察にジャッジは必要ありません。

雑草がどれだけ生えていようと、どれだけ土が痩せていようと、それに対して何の判断も必要なく、ただ現状をありのままに客観的に見ること。

そうすると表面的なことに騙されず、本質的なことが見えてきます。


それは「あんな綺麗なお庭にするには、まずこの雑草を抜くことから始めなきゃね」ということかもしれません。

だって、雑草だらけでかちかちになった土にいくら綺麗なお花を植えたって、その花は綺麗に咲き続けることはできないですもんね。

普通に考えたらわかりそうなことだけど、実際私たちの行動は庭が荒れているのを無視していきなり綺麗な花を買いに行こうとしているみたいなものなんです。

雑草抜きはしんどいばかりで楽しくないし、楽に手っ取り早くお庭を綺麗にしたいからセラピーやカウンセリングを受けてその人になんとかしてもらおうと思っていませんか？

どんなに素晴らしいカウンセラーやセラピストであっても、誰かの人生をなんとかできる人など一人もいません。

もちろん人生を変えるようなとても大事なヒントをくれたり、応援し、励ましてくれたりはするかもしれません。

でも**実際に行動し、あなたの人生を切り開くことができるのはたった一人、あなただけです。**

動くおうち瞑想や物を手放すということを通して、自分で雑草抜きをしてみてください。

ちゃんと自分の手でその雑草に触れることで、いろんな過去の出来事や感情と向き合うことになるでしょう。

今まで見て見ぬ振りをして、なかったことにしてきた雑草に触れることは自分自身の声に耳を傾けることでもあります。

そうやって蓋をしてきた感情と向き合い、手放すということをやっていくと、ある時雑草に覆われて隠れていた「わたし」という木が姿を現します。

私はこの「わたし」を見つけた時に涙が止まりませんでした。
「こんなところにいたのね、気づかなくてごめんね」って。

そしてこの「わたし」の中に「これは嫌い」「これはワクワクする！」「嬉しい」「楽しい」「寂しい」「これやりたい！」と小さな子供のように素直に感情や欲求を表現している自分がいることにも気づきました。

その小さな自分の小さな願いを一つ一つ叶えていった時に、自分の内側からどんどん喜びが溢れてきたのです。

楽しくないはずの雑草抜きだったのに、抜いていくうちにどんどん自分の心が軽くなり、楽しくてワクワクしている自分に気づきました。

しかもその楽しさが今まで面倒くさい、やりたくないと思っていた家事の中にあったことにびっくりしました。

だってそれは本当に些細なことばかりだったから。

たとえば買ってきた収納ボックスがジャストサイズで引き出しにピッタリ収まったこと。

新しい土鍋でご飯がとても美味しく炊けたこと。

気に入った掃除道具に出会えたこと。

冷蔵庫の食材を無駄にすることなく綺麗に使い切れたこと……。

他にもたくさんあるのですが、どれも取るに足りないことばかりです。

でも私たち女性が毎日やり続ける家事が「面倒でつまらないこと」「価値のないこと」「どうでもいいこと」ではなくて「嬉しいなあ、楽しいなあ」に変わると日々の暮らしがどれだけ幸せに満ちたものになるかわかりますか？

そりゃあもう、おうちの中でご機嫌で暮らせるようになるのです。

そしておうちの中でご機嫌なら、外の暮らしもご機嫌になります。

なぜなら、**おうちの中での在り方が外の世界に映し出されるから**。

さっきの例なんて本当に些細なことで、それが喜びだなんて大げさだと感じるかもしれません。

でもね、毎日の暮らしの中で大したことない、どうでもいいと思っていることこそが実はとても大切で、人生を喜びで満たす鍵なのですよ。

今ある豊かさに気づくと喜びが溢れ出す

「あなたは今の暮らしに豊かさを感じていますか？」

もし、こう質問されたらなんと答えるでしょうか？

「豊かさ」と聞いた時、何を連想するかはそれぞれだと思います。

人によっては欲しいと思ったものが値段に躊躇なく買えることだったり、年に数回旅行に行くことだったり、豪華なホテルで食事をすることだったりするかもしれません。

もちろんそれも豊かさですよね。とても自由で素敵なことです。

でも本当に心を満たす豊かさってお金とは関係ないところにあると思うのです。

たとえば、好きな音楽をかけながら、お気に入りのティーカップで美味しい紅茶を飲む時間。

たとえばお気に入りのワンピースを手洗いする時間。

「大好きだな、出会えてよかったな、嬉しいな」と思いながら、洗ったり、干したり、アイロンをかけたりするのはウキウキします。

たとえば、雨で外出の予定を延期して家でのんびり料理をしたり、趣味に没頭する時間。

リズミカルな雨の音が作業に集中させてくれてとても心地いい。

もちろん雨でもそんな日ばかりじゃなくて、だるくて何もしたくなくて、お布団に潜り込んで「あ〜気持ちいい〜」って声に出しながらダラダラする日もあるでしょう。


それだって、とても豊かな時間だと思うのです。

どれもこれもそんな大したことではないかもしれない。

でもどんな状況であっても、どんな些細なことであっても、今この瞬間を生きれば、見方一つで豊かさは感じられます。


だからもし今の暮らしに不満があって、豊かさとは程遠いと思うのだとしたら、何を手に入れたとしても心《しん》から満たされることはないのだと思います。

それどころか心の渇きはより一層増すかもしれません。

なぜなら、**今の暮らしの中の豊かさを感じられないということは、人との関係においてもその豊かさに気づいていないということ**だから。

パートナーやその他の人間関係、そして何より自分自身にきっと不満があると思うのです。

その状態で何かを手に入れることができたとしても、心は決して満たされない。
だからやっぱり、**まずは日々の暮らし、おうちに目を向けることからなのです。そしてその中に喜びや幸せが感じられるようになった時、初めて本当の豊かさに気づき、現実的なお金の流れも変わっていくのだと思います。**
なぜなら、お金も愛であり、豊かさだから、同じエネルギーをもつ仲間のところにやってくるようになっています。

ぜひ、あなたの暮らしの中にある豊かさを書き出してみてください。
あなたはどれだけ今ある豊かさに気づいているでしょうか？

お金が入ってきたら豊かになるのではなくて、今すでに豊かさを感じているから現実にお金も入ってくるし、より豊かになるのです。

私たちがいるこの宇宙は、今の私の感情（が放っている波動）にふさわしいものが与えられるようになっているのだから。

真の豊かさとは？

とても大切なことなので繰り返しますが、お金が入ってきたら豊かになるのではなくて、今すでに豊かさを感じているからお金も入ってくるのです。

同じく、嬉しいことがあるから喜ぶのではなくて、喜んでいるから嬉しいことが舞い込んでくるのです。

つまり、幸せに満ちた日々を過ごしたいと思うなら、今「嬉しい」「楽しい」気持ちでいることなのです。

あなたの心の状態が現実を作ります。

お金に対して不安でいっぱいなら、お金の心配をしなきゃいけないことばかり起こるし、不信感でいっぱいなら人から裏切られるようなことばかり起こるでしょう。

でも、実際今お金がないのに、どうしてお金があるという気持ちになれるのでしょうか？

そもそも、お金があるとか、ないとかにフォーカスするのではないのです。

大切なのは心の状態です。

ヒントは小さい頃に何度も聞いた昔話の中にもたくさんちりばめられています。


たとえば笠地蔵の話を覚えていますか？


おじいさんとおばあさんはとても貧しく、お正月を迎えるだけのお金も食料もありません。

おじいさんは二人で作った笠を大雪が降る大晦日に町に売りに行きます。

これで少しでも食料を買って帰ることができたらいいのですが……。

でも残念ながら一つも売れずに諦めて帰るしかありませんでした。

帰り道はさらに雪が激しくなり、吹雪いています。

その時、おじいさんは吹雪の中で頭に雪をいっぱいのせて寒そうにしている六体のお地蔵様に出会います。

「おお、これはこれは、お地蔵様。さぞかしお寒いことでしょう。どうぞこの笠を使ってください」と一体ずつ頭の雪を払い、笠をかぶせていきます。
ところが最後のお地蔵様の分が足りません。
おじいさんは自分がかぶっていた手ぬぐいをとって、そのお地蔵様の頭にかぶせました。
帰ってその話をおばあさんにすると、「まあ、おじいさん、いいことをしましたねえ。よかったねえ」と喜びます。

そこから先、どうなったかはご存じですよね?

その晩、雪の中をズシンズシンと大きな音がして家の前まで来たと思ったら「笠をかけてくれてありがとう」とお地蔵様たちが米俵を6俵持って来てくれたというお話ですね。

貧しいおじいさんとおばあさんは寒い雪の中、毎日凍えて暮らしていたことでしょう。

あなたならそこにどんな豊かさを感じられるでしょうか？

豊かさや喜びどころか、不平不満ばかりかもしれません。

「かじかむ手で痛みをこらえながら編んだ笠を、寒さを感じない石の地蔵にあげてくるなんて！」とおじいさんに詰め寄りたくなるかもしれません。

でもおじいさんはお地蔵様に笠をかぶせることができて、自分の手ぬぐいが最後の一体のお地蔵様にも寒く寂しい思いをさせずにすんだことを「嬉しい、よかった」と喜んでいるのです。

そしておばあさんもおじいさんを怒鳴りつけるどころか「おじいさん、よかったねえ」と一緒になって喜んでいる。

その二人の「嬉しい」気持ちとどんな状況でも豊かさを感じられる心が、幸せや喜びに満ちた現実を引き込むのですよね。

逆にここでは出て来ませんが、意地悪強欲じいさんとばあさんのお話がよくありますが、不平不満ばかり感じている二人の感情にふさわしい現実がやってくるのはどの話においても共通していますね。

なんとなくイメージできましたか？

世界中にたくさんあるこういった昔話や童話は、幸せに生きるヒントが小さな子供でもわかるように書かれています。

笠地蔵のおじいさんもおばあさんも貧乏だけれど、お金がないということに振り回されていません。

なぜなら彼らにとって、**お金がないというのはただ単にそれだけのことで、お金と幸せは別物だからです。**

お金はなくても「よかったな」「嬉しいな」「ありがたいな」と感じることはできます。

お金や食べ物があったら喜べるのではなくて、今日食べるご飯もない自分でも、寒さに震えているお地蔵様にできることがあると喜んでいるのです。

石のお地蔵様ですから、本当に寒かったかどうかはわかりません。

でもおじいさんにはお地蔵様が寒そうに見えた、ということは、笠をかけてあげた時に喜んでいるようにも見えたことでしょう。

「お地蔵様が喜んでくださっている、私も嬉しいな、笠は売れなかったけど役に立ててよかったな」とおじいさんも幸せな気持ちになったのだと思います。

その気持ち、その心の状態が、それにふさわしい現実をもたらすということなのです。

どんな状況にいるとしても必ず喜びは感じられます。

必ずです。
なぜなら、喜びはもうすでに私たちの内にあるものだから。
喜びにはいろんな喜びがあるのですが、大きく二つに分けられます。
それは外発的な喜びと内発的な喜びの二つです。

外発的な喜びというのは、何か嬉しいことがあった時、たとえば誰かに褒めてもらったとか、仕事がうまくいったとか、なにかしら嬉しい出来事があって、それに対して感じる喜びです。

内発的な喜びとは、何かがあったからではなく、何の前提もなく湧き上がってくる喜び、つまり条件や根拠のない喜びです。
すでに私たちの内にある喜びというのは、この内発的な喜びのことをいっています。

本能的な喜びといってもいいでしょう。

そんなの感じたことがないという人もいるかもしれません。

私たちはみんな生を受けた時にもこの喜びを感じているのですが、潜在意識の奥深くにしまい込んで忘れてしまっているからです。

でももともとあるものですから、私たち全員がちゃんと感じられるものです。

ではどうしたらその喜びを感じられるようになるのでしょうか？

自分の願いは自分で叶える

自分の内側から無条件に溢れてくる喜びに出会うにはどうしたらいいのでしょうか？

私は家と向き合うという体験を通して二つのアプローチがあることに気づきました。

まず一つ目は自分の願いを自分で叶えるということ。

私は雑草の中に「わたし」という木を見つけた時、同時にその「わたし」の中に

「これは好き」「これは嫌い」「これワクワクする！」「嬉しい」「楽しい」「寂しい」「これやりたい！」と小さな子供のように感情や欲求を表現している自分がいることに気づいたとお話ししました。

そう、自分の中に二人の自分がいるのです（実際はもう一人いるのですがここでは省きます）。

これはざっくり簡単にいうと「大人の私」（顕在意識・思考・意識）と「小さな子供の私」（潜在意識・感情・感覚・本能）です。

「大人の私」は実際の年齢相応に成長し、論理的に考え、判断することができる、まさに「大人の私」です。

一方、「小さな子供の私」はまだ言葉も話さないくらいの小さな子供のままで、感情や本能に従って生きている「私」です。私たちの中にはそんな「大きな私」と「小さな子供の私」が一緒に存在しています。

たとえば、自分でもコントロールがきかないくらい感情的になることはありませんか？

もしくは、表面的には穏やかに対応できているとしても、お腹の中では煮え繰り返るような怒りを感じていたり、逆に嬉しくて気がついたら鼻歌が出てしまったり……。

私たちの中で生まれる感情や本能に関する欲求は「小さな子供の私」が発しているものです。

まだ言葉を話せない小さな子供がするように、その感情や欲求を体を通して表現するのです。

日常の社会生活においては、「大人の私」は「小さな子供の私」が感情や本能のままに暴れ出さないようにコントロールしています。


でもたとえば、スポーツ観戦をする時を思い出してみてください。

選手がミスをした時は思わず頭を抱え込んで「ああー！」と叫んでみたり、ゴールを決めた時は隣の人と抱き合って飛び跳ねたり、両手を開いて歓声をあげてみたり、と全身を使って悔しさや喜びを表現しますよね。

その表現は、思い通りにならないと床に大の字になってわめいたり、欲しかったプレゼントをもらってソファの上で飛び跳ねる子供と同じです。

私たちの中にそんな「小さな子供の私」が存在するのです。


本当の子供と私たち大人の違いは、大人の場合は「大人の私」が年相応に論理的に考え、判断ができるということ。

社会生活が円滑に行われるよう、その時々の状況に合わせて「小さな子供の私」

の感情や欲求が暴走しないように抑えることができます。

子供たちはまだこの「大人の私」自体もその年相応にしか育っておらず、「小さな子供の私」の感情や本能をコントロールしきれません。

だから母親から「ご飯の前だからおやつはダメよ」と言われても「やだー！　食べるー！」と街中でも大暴れしたりするのですね。

では、本題の「自分の願いは自分で叶える」というのはどういうことなのでしょうか？

それは**「小さな子供の私」の願いを「大人の私」が叶えるということ**です。

たとえば私が洗面所のタオルを変えた話をしましたね。

「小さな私」は「せっかく洗った手を湿ったタオルで拭くのは嫌。乾いた清潔なタオルで拭きたい」と伝えてきました。

以前の私なら「え、でもそんなの洗濯物が増えるじゃない」「だめだめ、家はホテルじゃないんだからそんなの似合わないし、贅沢よ」「タオルが湿ってるくらい大したことじゃないわ」と「小さな子供の私」の願いを却下したでしょう。

いえ、そもそもその願いにすら気づいていなかったかもしれません。

でもいろんな思い込みや価値観を手放して、「小さな子供の私」の存在に気づいてからは、一つ一つ丁寧に叶えていきました。

そうすると自分でもびっくりするくらいの「嬉しい」「楽しい」「ありがとう」という感情があふれてきたのです。

家の中のことに関する「小さな子供の私」の願いはどれもとっても些細なことです。

そして基本的に、自分の手間が増えるだけのことで、誰の目も、迷惑も気にしなくていいことなので、叶えやすいのです。

「本当はこのタオルじゃなくてこんなのがいい」とか「使い勝手がよくて見るだけでテンションが上がる掃除道具がいいな」とか「ホテルのティータイムみたいに丁寧に淹れた美味しい紅茶をお気に入りのティーカップで飲みたい」というふうにね。たいがい自分一人で完結する願いなのです。

たとえば「さみしい。愛されたい」とか、「不安だから認めてほしい」といった願いの場合、ついつい他人に求めがちです。

でも実際はどんなに人から愛されたとしても、その寂しさは埋められないし、どんなに褒められたとしても自信がなくて不安なのは変わりません。

なぜなら**「小さな子供の私」が本当に愛してほしい、認めてほしいと思っているのは「大人の私」だから。**

「大人の私」が「小さな子供の私」を認め、愛さない限り、誰からの愛情や承認を得られたとしても満たされることはないのです。

でも、多くの人はそれを「大人の私」ではなくて、他人に求めます。

そしてたとえ与えられても満たされないので「どうしてもっと与えてくれないのか」と嘆き、「与えられないから私は不幸なのだ」と思っていたりします。

そして「自分を満たせるのは自分だけだよ」と言われても、どう自分を認め、愛したらいいのかわからないという人がほとんどです。


でも家の中の願いを見てみてください。

それらは自分が手間や時間さえかければ叶えてあげられるものばかりではないですか？

そして私以外の誰にも叶えられない願いであることもわかると思います。

だからね、わかりやすい家に関することから自分で自分の願いを叶え、喜ばせていくのです。

そして実際にやってみると「小さな子供の私」が何に喜び、安心を覚え、満たされるのかがわかっていきます。

本当はそれを誰に求めていたのかにも気づくでしょう。

「小さな子供の私」は願い通りに叶えてくれたから喜ぶのではありません。

「大人の私」がその願いに耳を傾け、たとえその通りにできなかったとしても全力で叶えようとしてくれたことに喜ぶのです。

そうやって自分で自分を喜ばせてい

くと、今まではできなかった「自分を愛する」「自分を認める」という意味を理解し、できるようになっていきます。

なぜなら、**家に関する些細な願い事を叶えることも、自分を認め、愛することに他ならないから。**

こうやって「大人の私」が「小さな子供の私」に寄り添い、その願いを叶えようとすると、今度は「小さな子供の私」も「大人の私」の言うことや願いに耳を貸し、協力してくれるようになります。

「自分と仲良くなる」とか「自分とのパートナーシップを築く」というのは、この「大人の私」と「小さな子供の私」が相思相愛になることです。

そうやって自分で自分を満たせるようになると、誰かが何かをしてくれたとか、嬉しい出来事があったとかいうような条件付きの外発的な喜びではなく、「私が私を愛し、味方である限り大丈夫」という無条件の喜びが溢れ出すようになるのです。

家事を通して女性性を開花させる

自分の内側から無条件に溢れてくる喜びに出会うためのもう一つのアプローチは家事にあります。

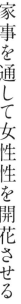

家事が喜びの鍵だなんて、意外でしょうか？
実際多くの女性たちから「面倒くさい」「価値が見出せない」「自分ばっかり損してる気がする」という言葉を耳にします。

生徒さんたちの中にも「私は専業主婦だから何もしていないんです。仕事をされている皆さんみたいに立派じゃない」とか「専業主婦だからいろいろ言う資格がない」などと言う方もいらっしゃってびっくりすることがあります。

仕事は頑張れば努力が認められたり、成果としてお金が入ってきたり、感謝されたりします。

華やかな仕事をしている人は、周りにたくさん人も集まってキラキラ輝いて見えたりもするでしょう。

でも家事は地味だし、一生懸命やっても特別感謝をされることもない。

それどころかできていないと文句を言われたりもします。

そう考えたら確かにその労力の割には損だと感じるかもしれませんね。

人によっては、「自分の社会的な力を奪うもの」と思っていたりもします。

多くの女性たちがそう考えるのは今まで女性が軽んじられ、虐げられてきた長い歴史のせいなのでしょう。

その怒りや悲しみは計り知れないものだと思います。

それでも敢えて一旦そのことは横に置いて、本来の男性と女性の役割を思い出してみてほしいのです。

原始の時代の男性たちは外で狩りをして獲物を捕らえていました。

時代によって、戦いに行くことであったり、働いてお金を稼ぐことであったり、形は変わっていきますが、その役割の本質は「女性たち、そして子供たちを守り、養うこと」です。

そして女性の役割は男性たちが疲れて、傷ついて帰ってきても安心して休めるよう食べ物や着るものを用意し、家を整えること。

そして子供を産み、育てること。

これはいつの時代も変わりません。

私たち女性の役割の本質は「いのちを育み、明日へと繋いでいくこと」なのです。

ようやく女性たちが社会でも堂々と活躍できるようになった今の時代、こんなことを言うと時代遅れだとか、男女差別だと嫌悪感を感じる人もいるかもしれませんが、私はそういった本来の男性、女性の役割の中にこそそれぞれの真の喜びと誇りがあると思うのです。

女子力という言葉が流行ったりもしましたが、「女性らしさ」「男性らしさ」の意味を履き違えることで、真の女の喜び、男の喜びを失い、かえって生きづらくなっているようにも見えます。

たとえば女性には子供を産み、育てるという大きな役割があります。

女性にとっては人生のメインイベントであり、そこには女性の本能的な喜びが秘められています。

でも女性も社会で活躍でき、自分の稼ぎで自由で優雅な暮らしができるようになれば、そもそも結婚する意味がわからなくなってきます。

結婚すれば家のこともしなきゃいけないいし、出かけるのにも気を遣う。

それなら一人の方がずっと自由で気楽です。

だって、自分で自分を養っていけるんですもの。

しかも子供を産んで子育てするとなれば、今の仕事を休んだり辞めたりしなくてはならず、せっかく積んできたキャリアを失うことにもなります。

自分の稼ぎがなくなり、旦那さんのお給料だけで生活するとなると自由に使えるお金が減ってしまうし、旦那さんに養ってもらうということは自由を奪われ、我慢を強いられることのように感じるかもしれません。

また前の時代の女性たちと同じ苦しみを味わうことになるのではないかと。

せっかく勝ち得た地位を失わないために最低限の産休だけとって、あとは保育園に預けて早々に仕事に復帰するものの、家事と仕事、子育てに追われて疲れ果てる毎日……。

「私だって仕事しているんだから、家事や子育ても手伝って！」「どうして私ばっかりこんなにしんどいの？」と、本来喜びであるはずの出産や子育てが、「やらなければならないもの」や足枷にすら思えてきたりもします。

そうやって自由を奪われるのが嫌で、結婚や出産を先延ばしにして仕事を優先し、気がついたら一人の人生を歩いていたという人もいるでしょう。

今までの女性たちは「社会が変われば、そして女性にも男性と同等の権利が認められたら、私たちは自由で幸せになれる」と思っていたかもしれません。
でも、それを手にした今の女性たちは本当に自由で幸せになったのでしょうか？
喜びで満たされたのでしょうか？
残念ながら、世の中や生徒さんたちを見る限り、今までの女性とはまた違う苦しみに囚われて、迷子になっているように思えるのです。

では、どうしたら私たち女性は真の喜びで満たされるのでしょうか？

どうしたら女としての幸せを感じられるのでしょうか？

それは自分の中の女性性が目覚めることだと思うのです。

そして女性性が目覚めるスイッチは本来の女性の役割である家事や子育てにあります。

なぜならそれは太古の昔から私たち女性のＤＮＡに刻まれているものだから。たとえ誰から教わらなかったとしても、女性たちが本能で自分の役割として知っているものだからです。

でも、それなら今までの女性たちだってやってきたはずだし、私もやってきたと思う人はいるでしょう。確かにそうです。

家事や子育てを通して女性性スイッチが入るかどうかは、とても重要なポイントがあるのです。

それは「やらされている」とか「誰かがいいと言ったから」といった被害者意識や他人軸ではなく、主体的にやっているかどうかです。

私が主人に「仕事を辞めて掃除をしろ」と言われた当初は「やらされている」と思ってやっていました。

そうすると、いくら完璧にやっても、何の喜びも幸せも感じないどころか、「私ばかり辛い思いをしている」と被害者意識に拍車がかかるばかりでした。

それが掃除を習い、自ら「やろう」という気持ちで始めた時、まるで霧が晴れるように今まで見えなかったものが一気に見え始め、今まで感じたこともないような感覚や感情が内側から湧き出してきたのです。

また生徒さんも「毎日毎日、お風呂掃除とかトイレ掃除とか、これはいったい何の罰ゲームなの?」と言っていたような人が「家事が楽しくてわくわくする。雨が降って予定がキャンセルになったから、今日もおうちのことができるのが幸せ」など言うようになったりするのです。

自分が主体となり、自らの意思で家と向き合うというのは、言い訳や期待をしないということです。

あれこれ考えたり、ジャッジしたりせず、シンプルに向き合うことで家事の本質が見えてくるのです。

衣食住と言いますが、身に着けるもの、口にするもの、住まう場所は私たちのいのちの基盤であり、家事の本質は「いのちの基盤を整える」ことです。

それを**頭で理解するのではなく、楽しみながら実践していくことで「いのちを育み、繋ぐ」という本来の女性性が目覚め始めるのです。**

女性性が目覚めると、女性としての真の喜びが溢れ出すようになります。

それは「社会が変わったら、もしくは男性が変わったら幸せになれる」というような条件付きの幸せではなく、無条件に湧きあがるいのちの喜びなのです。

家事は確かに目立たない、地味な仕事かもしれません。でも、私たちが価値がないと思っている小さなものにこそ、真の価値が隠れていて、圧倒的な喜びや幸せ、美しさを秘めているのです。

本当の宝物は外できらめいているものではなく、いつも隠されたところにあるのですよ。

女性性が発揮されるのは出産育児だけに限らない

女性の役割を「いのちを生み出し、育み、繋いでいくこと」というと、「では子供を産まなかった、もしくは産めなかった女性は喜びを感じられないのか?」と思うかもしれません。

実際子供を産んでないことで後悔や罪悪感、無力感を感じ、自分を責めたり、卑下したり、諦めたりしている女性たちをたくさん見てきました。

結婚や出産を望まなかった人、望んだけれどできなかった人、理由はそれぞれだと思います。

ただ、理由はどうであれ、どんな人もその人にとって必要な人生を歩いてきています。

確かに「生み出す」「育む」「繋ぐ」という女性性のエネルギーが出産・育児で発揮されるのはとてもわかりやすいですが、女性の生き方が多様化した今、その女性性がどの分野で発動し、活かされるかは人それぞれで、それが出産や育児ではなく趣味やライフワークにおいて発揮される人もいるわけです。

たとえば私の知り合いの女性は、子供はいないのですが、嫁いだ先が職人さんたちが一つ一つ手作りをする家具屋さんでした。

本物の家具は木がまだ生きているのだと。
何十年使っても、手入れをしたらまた新品のように生き返る。
そうやって次の世代へと受け継いでいくこともできるのだと教えてくれました。

彼女は子供を産むことはありませんでしたが、いのちを繋いでいくという喜びを家具を通して感じていたのかもしれません。

「私にはそんな特別なものはないわ」と思うかもしれませんが、**結婚しているとか子供を産んでいるとかに関係なく、あなたの女性性が発揮され、輝く生き方が必ずあります。**

もし今それがわからない、見つからないというのなら、まずは自分の中の「小さな子供のわたし」を丁寧に育ててみてください。

彼女の小さな願いを一つずつ叶えてあげてください。

拗ねていたら、ちゃんと向き合って、優しく言い聞かせてあげてください。

そうすればちゃんと見えてくると思います。

結婚や出産だけにフォーカスをしていたら見えない大切なことがあるのです。

過去の自分を責めたり、今の自分を否定したりすることなく、しっかり「小さな子供のわたし」と向き合ってみてください。

もしかしたら「小さな子供のわたし」の言うことは「そんなこと今更やってどうするの？」ということだったり、やる価値がないと思うことだったりするかもしれません。

でもそれこそがあなたの女性性を開く鍵なのですよ。

男性はエネルギーを作り出せない

こうやって自分で自分を満たしていくと、毎日が本当にご機嫌になっていきます。

料理をして褒めてもらえなくても、掃除や洗濯をして感謝してもらえなくても、それでイライラしたり、拗ねることもなくなっていきます。

だって、家事は自分を満たすためにやっていることだから。

心の底からそう思えた時、家事はまさに喜びに変わるのです。

もちろんその上で家族から「ご飯美味しいね」「ありがとう」と言われたら嬉しいけれど、それはあくまでもおまけ。

自分のご機嫌に人からの評価や承認は関係ありません。

そうやって私たち女性が毎日ご機嫌で過ごしだすと、不思議なことに夫婦関係が変わりはじめるのです。

それはなぜでしょうか？

83ページの図1－①で本来まん丸な私たちは欠けているのではなく、くっつけているのだとお話ししましたよね。

でも、主人や息子たちをはじめとする周りにいる男性たちを見ていると、本当にそうなのかな？　と違和感を覚えていました。

男性ももちろん本来の姿はそのままで完璧なまん丸です。

そして、女性と同じく「自分は足りない、欠けている」と自信をなくしていたりします（図1－②）。

ただ、女性と違うのは、男性は本当に欠けてしまっているように見えるのです。

それはなぜなのでしょう？

女性のエネルギーは内側から外側へと広がっていく遠心力でしたよね。

だからどんどんといのちのエネルギーが湧いてきて、自分を満たしていくことができます。

一方、**男性のエネルギーは外から中心に向かって引き寄せる求心力**です（図1－⑤）。

つまり女性のように自らいのちのエネルギーを作り出すことができないのです。

実際には、男性にも女性にも、男性エネルギーと女性エネルギーの両方が存在します。

その割合は一人一人違いますし、生まれた時からずっと一緒なわけでもなく変化しますが、男性として生まれているということは男性エネルギーの方が大きく、女性として生まれているということは女性エネルギーの方が大きいということです。

つまり、女性は自らを喜びで満たし、エネルギー充電するのが得意だけれど、男性は苦手だというふうに捉えられます。

たとえば、私の母の年代になるとご主人に先立たれる方も多く、先日もこんな話をしていました。

「あの方、ご主人が亡くなってから友達とあちこち旅行に行って楽しんでいるみたいよ」

「○○さんは趣味で山登りを始めたんですって」と奥さんは一人の余生も楽しんでいるようです。

母の友人たちは夫婦仲がいい人たちばかりなので、亡くなった時は寂しそうにしていたようですが、少しずつ自分の喜びを見つけてまた元気になっていくようです。
でも、逆に奥さんの方が先立たれると、ご主人も急に元気がなくなって病気になってしまったり、あとを追うように亡くなられたりするのはよく聞く話ですよね。

それは身の回りのお世話をしてくれる人がいなくなったから、というだけの話ではありません。

男性は自分だけでは作り出せないエネルギーを女性からもらっているのです。

例えると、女性は植物です。
水や太陽、土など自然界、宇宙のエネルギーを元に、光合成をして自らエネルギーを作り出します。

そして男性は動物です。
もちろん水や太陽の光なども必要ですが、それだけでは生命を維持していくことは難しく、植物を食べることによって、活動エネルギーを得ます。

つまり、へこんで欠けた状態になっている男性は本当にエネルギーが不足している状態なのです。

たとえば男性ばかりの職場にたった一人女性が加わるだけで、その場が活気づいたりしますよね。

このように女性は男性にエネルギーを与える存在なのですが、一方では逆に男性のエネルギーを奪う女性もいます。

たとえば、ある方のご主人は「私が何をしても妻は気に入らないのです。『しっかりして』と言うのではっきり意見を言ったら『それは違う』と言われるし、『もっと家事を手伝ってほしい』というから手伝ったら『やり方が違う』と怒られるんです。私は何をやってもダメみたいです」とすっかり自信をなくされていました。

では、男性にエネルギーを与える女性と、奪う女性は何が違うのでしょうか？

与える女性は、自分で自分を満たし、無条件の喜びに満ちています。

逆に奪う女性は、不安や恐れからの苛立ち、不満を感じています。

男性にエネルギーを与えるというのは、自分の分を削って与えるのではありません。

自分自身を満たしてもなお溢れてくるエネルギーで男性も満たしていくのです。

つまり、たくさん思い込みをつけて自分を見失っている状態、遠心力が働かず内側からエネルギーが溢れ出ていない状態では、男性にエネルギーを与えることはできません。

それどころか、女性自身も「欠けている」「欠乏感を埋めてほしい」と感じているので、逆に男性のエネルギーを奪ってしまうのです。

これではうまくいくわけがありませんよね。

このエネルギーとは、生命エネルギーのことであり、無条件に感じる喜びのエネルギーのことでもあります。

女性が内発的な喜びに満たされると男女関係、夫婦関係がうまくいくというのはそのためなのです。

「どうして私が与えないといけないの？」「どうして私から変わらなきゃいけないの？　彼だって悪いのに！」と思うかもしれませんが、この男女のエネルギーの性質を見たら、まずは女性が自分で自分を満たし、女性性を開花させないと始まらないとわかりますよね。

愛と豊かさが循環する世界は、女性が喜びで満たされることから始まるのです。

女性が喜ぶとエネルギー循環はうまくいく

ここで、もう一度本来の男性の役割を思い出してください。

男性の役割は外で体をはって働き、家族を養い守ることです。
そんな彼らにとって、女性や子供たちが安心して笑顔で暮らす姿は喜びです。
だって、そこに喜びを感じられないなら、やらないですよね？
たとえしんどいことであっても家族の笑顔が見たいから、それが自分にとっての
喜びだから頑張れるのです。

本来のまん丸な姿の男性の願いはただ一つです。

それは「目の前の女性が喜びに満たされて幸せであること」。

子供の頃は母親の喜ぶ顔が一番のご褒美だし、大人になればそれが彼女や奥さんに変わっていきます。

目の前の女性が幸せそうにしていると、男性は嬉しいものです。

女性の幸福度はそのままダイレクトに男性の幸福度に比例します。

自分がそばにいることで、彼女が幸せでいてくれると感じることができるから。

彼女を喜ばせることができると感じ

ることは、自分に対する評価がとても上がるのです。

彼女のその幸せな姿が男性に自信や勇気といったエネルギーを与え、もっと幸せにしたい、もっと喜ばせたい、それができる強さと思いやりに溢れた自分で在りたいと思わせるのです。


でも逆に喜ばせたくて頑張っているのに、女性が不機嫌だったり、嘆いていたり、文句ばかり言っていると自分の力不足なのだと感じて自信をなくして落ち込んだりします。

自己肯定感がどんどん低くなり、チャレンジしていく勇気がなくなっていきます。

喜ばせられない自分への苛立ちが外に向かい、攻撃的で乱暴になる人もいます。

こういうタイプの人も結構多いですよね。

威圧的ですぐ人を攻撃したり、批判したりするような人も、実は自信がなくてエネルギーが不足しているのです。

もちろん男性自身も無意識層で感じていることなので、自分の自信のなさ、自己肯定感の低さ、苛立ちがどこからくるものなのか気づいていなかったりします。
言われてみれば「そうだ、そうだ」と納得する人もいますし、「そんなんじゃない。そんなこと思っていない」と否定する人もいますが、それはただ気づいていないだけなのです。

本来、男性は勇敢で、思いやりがあり、素晴らしい行動力を持っています。
彼らがその力を最大限に発揮する鍵は、「女性が喜んでいる」こと。
プロポーズする時に男性たちは「あなたを幸せにします」と誓ってくれますよね。

彼らは私たち女性を幸せにしたい、喜ばせたいのです。
でも現実には私たちは男性に幸せにしてもらうのではありません。
なぜなら、私を幸せにできるのは、私しかいないから。

人から与えられる喜びは一時的なものであり、状況が変われば失われてしまいます。

たとえば彼が何かをしてくれたから嬉しいというのなら、そうしてくれなかった時には喜べないですよね。

でも男性は時には仕事が思うようにいかなかったり、ミスをしたり、大きなストレスを抱えることだってあります。

喜ばせたいという気持ちはあっても、エネルギー的にそんな余裕がない時もたくさんあるのです。

そして本当はそんな時こそ、気持ちよく休めるよう家が整えられていたり、美味しいご飯が用意してあったり、何よりも彼女に笑顔で「あなたならできるよ。応援しているよ」と言ってもらって充電する必要があるのです。

だから、いつも自分で自分を満たし、女性性を育み、喜びで満たすのです。

自分の内からの喜びは枯れることがなく、与えようとしなくても勝手にどんどんと溢れ出しているので、男性たちや周りの人たちをも満たしていきます。

きっとあなたの周りにもそんな女性がいるんじゃないでしょうか？

ただそこにいるだけで元気や笑顔をもらえるような、そんな女神のような女性が。

そして、そんな女性は自分で喜びを作り出しているにもかかわらず、「私が幸せなのはパートナーや周りの人たちのおかげだ」と感謝しています。

その感謝の気持ちがパートナーや周りの人たちを勇気づけ、さらにエネルギーを与え、ともに成長・発展していくという好循環を作り出していくのです。

美女と野獣は究極のあげまんストーリー

「でもうちの主人を見てたらとてもそんなふうに思えないわ」という方もいるでしょう。

実際「俺が食べさせてやっている」というような傲慢で威圧的な態度をとる人もいますし、逆に働きもせず奥さんの稼ぎばかりをあてにするような人もいるでしょう。

「これの一体どこが目の前の女性が喜びに満たされて幸せであることを願っている？」と言いたくなる人も多いかもしれません。

でも実は、それは本来の彼の姿ではありません。

エネルギーが不足していびつな形になっているだけなのです。

人によっては元の姿が想像もできないほど原型をとどめていなかったりもするかもしれません。

それでもやっぱり、その表面的な姿のずっと奥に必ず本来の姿があるのです。

美女と野獣の話をご存じですよね。

あるところにとても傲慢でわがままな王子がおりました。

ある日の夜、醜い老婆が城にやってきて「一晩泊めてほしい」と泊めてもらうお礼にバラの花を差し出します。

しかし王子は彼女の醜さを嘲笑い、つき返そうとします。

老婆は「人を見た目で判断してはいけない。本当の美しさは内側に宿るのだ」と言った瞬間美しい魔女の姿になり、慌てて許しを乞う王子とその家来たちに魔法をかけてしまいます。

王子はその傲慢さにふさわしい醜い野獣の姿にされてしまうのです。

そしてバラの花びらが全て落ちるまでに本当に人を愛し、その人に愛されるという「真実の愛」に出会うことができなければ魔法は永遠に解けることはないと言い残し、魔女は姿を消します。

その10年後美しく勇敢で知性溢れるベルは、城に入り込んで捕まってしまった父を救うため、身代わりとなって野獣のもとに行きます。

恐ろしい野獣の姿に恐怖で震え、城に閉じ込められたことに絶望するベルですが、魔法で家具や食器にされてしまった家来たちのもてなしに心を開き、徐々に城での生活に楽しみや喜びを見つけていきます。

そして恐ろしく醜い姿で怒りを撒き散らす野獣の中にある、彼の優しさや勇敢さにも気づいていくのです。

野獣はベルを愛します。でも彼が愛するだけでは魔法は解けません。

ベルが野獣の姿の奥に、彼の本当の姿を見つけ、信じ、愛したから彼は王子の姿に戻ることができたのです。

今の目の前のパートナーはまるでこの野獣のように見えるかもしれません。姿だけでなく、その言葉、ふるまいも野獣そのものだと思うかもしれません。

でもそれは本当の彼の姿でしょうか？

もしあなたが彼の本来の姿に目を向けようとしなければ、彼にかけられた呪いは解けないままでしょう。

彼が本来の姿に戻る鍵はあなたが持っています。

この美女と野獣は究極のあげまんストーリーなのです。

でもどうしたら、この荒れ狂う野獣の中にいる本来の姿を見つけることができるのでしょうか？

もう一度本来の男女の役割とその喜びを思い出してください。

男性たちは家族を守り、幸せにすることが喜びでしたね。

彼の本質も間違いなくそこにあります。

そもそも男性が野獣化するのは彼らにエネルギーを与えてくれる女性性が不足した時です。

美女と野獣の物語の王子が傲慢になっていったのも、王子の母親がなくなったのを境に……と書かれているものがあります。

彼が優しく勇敢であるためにエネルギーを与えていた女性性が失われたことがきっかけなのです。

つまり、男性を野獣化させるのも、本来の姿に戻すのも、すべての鍵は女性にあるということ。

女性がちゃんと内側の自分と繋がり、心の目で見ることができるかどうかがポイントなのです。

城に閉じ込められたベルは絶望の中にも小さな喜びや楽しみを見つけ始めました。見た目や外の世界に惑わされず、ちゃんと自分の心が感じるものを素直に受け入れる彼女だったからこそ、野獣の中にある優しさ、思慮深さ、勇敢さに気づくことができたのです。

自分を信じられる人は人のことも信じられます。

彼女は自分の心の目が見せてくれる彼の本当の姿を信じ、愛することで魔法を解いたのです。

生徒さんの中にもご主人のお酒を飲んだ時の暴力に悩んでいる方がいました。

小さな子供にまで手をあげるのだと、レッスン初日から大粒の涙をこぼしていました。

体が大きく力の強い男性が大声を出したり、暴れるなんて、本当に恐怖でしかないですよね。

ある時私は彼女に聞きました。

「それは本当の彼の姿ですか？　彼はあなたや子供を怒鳴りつけたり手をあげたりする人なのですか？」と聞くと彼女は「違います。本当はとても優しい人なんです。仕事が大変で辞めたいみたいで、ストレスでそうなっているんです。私は彼と別れたいと思っているわけじゃない。うまくやっていきたいです」と即答しました。

そうは言っても、恐怖に支配されていた彼女は長い間自分を満たす意味やコツがわかりませんでした。

時間はかかったけれど、自分の心と対話し、旦那さんの機嫌に翻弄されることなく自分で自分を満たしご機嫌にするということをやり続けた彼女は、卒業後のシェア会の時に「え、主人ですか？　全然怖くないです」と軽やかな笑顔で言い、クラスのみんなをびっくりさせました。

仕事のストレスでお酒を飲んでは暴れ、「会社を辞めたい」と言っていたご主人も前向きに仕事を頑張っているそうです。

彼女はまさに野獣を本来の王子の姿に戻したベルそのものですよね。

外で輝きたいからこそ家を整える

私はどんな悩みを持っている人に対しても、家を整えることから始めましょうと言っています。

人間関係や仕事などどんな悩みであったとしても、まずは自分を整えないことには目の前の悩みの本質は見えてこないからです。

そして独身でも既婚者でも、子供がいてもいなくても、衣食住なしで生きている人はいませんよね。

衣食住を整えるというのは、自分の内と外のいのちを整えること。

ましてや女性にとってはそこに女性本来の喜びが隠れているわけだから、やらない理由がありません。

でもね、だからといって「女性は家で家事だけしていたらいい」のだと言っているわけではないのです。

もちろん、人によっては家事に喜びを感じ、ますます家の中で自分の才能を発揮していく人もいるでしょう。

一方で、今の時代は家から出て地域や会社といった社会で、より自分の才能を輝かせる女性たちもたくさんいると思っています。

だからこそなんです。

内の（家の）世界で起こっていることが外の世界で起こります。

内での在り方が、外の世界にも反映されます。

つまり、女性たちが社会に出て行ける時代になったからこそ、よりいっそう家が大事なのです。

外で活躍する時、私たち女性も自分の男性性を使って行動していきます。自分の中の男性性が才能を発揮するには、ちゃんと内が（家が）整い、女性性が男性性を後押しできるくらいしっかり育まれている必要があります。

そうでないと何かちょっとピンチがあったらすぐに潰れてしまいますから。

自分だけでなく家庭も崩壊してしまいますよね。

自分の男性性を輝かせるためにも、パートナーの才能を存分に発揮させるためにも、土台が大事。

専業主婦を楽しむのであれ、社会に出て貢献していくのであれ、気の向くままに世界中を飛びまわるのであれ、まずはしっかり基盤づくりをしましょうという話なのです。

そこにさえちゃんとエネルギーが注がれていたら、たとえ何をしたとしても、全てがうまくいきます。

「じゃあやっぱり女性は家庭と仕事を両立しないといけないし、大変じゃない」と思うかもしれません。

だからこそのシステム化なんです。

家の中のものを減らし、暮らしをシステム化することで仕事をしながらでも整った暮らしをしている人たちはたくさんいます。

家をぐちゃぐちゃにしたまま外に飛び出すのではなく、整えてから出ましょうというだけの話なのです。

家が整っていれば外で仕事をする時もあれこれ気を散らすことなく目の前のことに集中できます。

効率は上がるし、当然うまくいくわけです。

暮らしが整っていたら、家に帰った時にもほっと一息つけますよね。

これだけ便利な時代になれば、土台さえ整えれば女性もゆとりを持って、本当の女性らしさを活かして、家庭でも社会でも輝けると思うのです。

これは先代の女性たちが私たちに残してくれた素晴らしいギフトです。

「あれがない」「これがない」「こうなったら私は幸せになれるのに」とないものを数えるのではなく、おうちを整えてどんどん自分らしく輝いていきましょう。

それは今まで抑圧されて生きてきた女性たちへ癒しと感謝をもたらすことにもなります。

今を生きる私たち女性が喜びに満たされていのちを輝かせて生きるなら、悲しかった過去も、不安だった未来もオセロの石をひっくり返すようにすべてが変わっていくのです。

私たち女性はすべてのいのちの根っこです。

根っこが枯れたら、すべてが枯れてしまいます。

自分というかけがえのない尊い存在に、まずは自分自身が心をかけ、手をかけて愛していきましょう。

どうやって？

それはもちろん「おうちを通して」です。

あとがき

最後までお読みいただきありがとうございました。


私がこの本を書くことを決めた2019年の1月。

ある先生との出会いがありました。

その男性は重富豪さん。

ダイアモンドのエクセレントカットを発明し世界に広めた人物であり、川の源流で生まれたばかりの水の文様を墨と和紙を使って写し取る流水紋作家でもあります。

地上に現れた時から変わることのない永遠の象徴「ダイアモンド」と、一瞬たりともとどまることなく変化していく「水」。

その一見対極にある二つのものと魂で会話しながら、ずっと「いのち」と向き合い続けてこられた方です。

その先生の言葉で私の中に深く響いた言葉がありました。
「今の日本には女がいない。
男を育てられる女がいないいんだ。
これからの日本はどうなっていくんだ？」

先生のその言葉を聞いた時に改めて「このレッスンを情熱を持って伝えていこう。それが私にできる先人たちへの恩返しであり、未来を生きる子孫たちへいのちのバトンを繋ぐことなのだ」と思ったのです。

文章を書くことが苦手でついつい逃げ腰になっていた執筆を「できるか、できないかじゃない。書こう！」と思えたのは先生のこの言葉がきっかけでした。

私たちの前を歩いてくれた人たちが、「あなたたちに託せるなら安心だね」と未来に希望を持って次のお役目の場へ向かえるように。

そして希望に満ちたいのちのバトンを子供たちに渡していけるように。

まずは私たちが真の女性性に目覚め、いのちの喜びが何かを思い出し、女神に還ることだと思うのです。


女神というと自分とはかけ離れた存在に感じるかもしれませんが、私たちは生まれる時に、神様の一部をもらってくるのだそうです。

つまり、すべての人の内に神様が宿っているということですね。


私のイメージでは、胸に神様からもらった一本のろうそくがあって、私のいのちを喜ばせて生きる時、その炎が大きく輝くのです。

私のいのちは神様のいのちですから、私を喜ばせることは神様を喜ばせることでもあります。

胸のろうそくの炎が輝いている時は、社会がどんな闇に包まれたとしても私の心は不安や恐怖に飲み込まれることはありません。

女神に還るというのは「女神になる」ということではなく、もともと女神であったことを思い出し、いのちのろうそくに喜びの炎を灯すことだと思うのです。


完璧である必要はありません。

怒ったり、嫉妬したり、ネガティブな感情を持っていてもいいのです。

私たちは人間ですから、いろんな自分を内包しています。

時には自分でもぞっとするような一面を発見することもあるでしょう。

そんな自分もいていいのです。

神様がご自身の一部として私たちをこの世に送り出してくれたのだとしたら、どんな私も女神なのです。

大切なのはただ一つ……命ある限り、神様からいただいたろうそくの光を輝かせて生きるということ。

それが「わたしを生きる」ということなのではないでしょうか。

最後になりましたがこの本を手に取ってくださった皆さま、クローバー出版の皆さま、ご縁を繋ぎ、励ましや応援を送ってくださるすべての方達に、この場をお借りして心より感謝申し上げます。

２０２１年5月　青山真理

重富豪　流水紋ＨＰ
http://www.be-stream.net/japan/index.html

著者プロフィール

青山 真理

あおやま・まり

1973年生まれ。

27歳で結婚してすぐ二人の息子に恵まれ、６年間の専業主婦を経て、自宅でアロマサロンをスタートする。

家庭も仕事も充実しているように見えていた９年目の秋、理想の夫婦と言われていたパートナーに「仕事をやめて掃除しないと離婚だ」と言われ、人生の岐路に立たされる。

葛藤を抱えながらも家と向き合うことでついに本当の自分の喜びや願いに気づき、パートナーシップは激変、想像を超える愛と豊かさが舞い込むように。

そんな自らの経験をもとに現在は、真の女性性を開花させ、究極に愛され続ける女性の在り方を伝える女神レッスン（旧しあわせおうちレッスン）を行っている。

受講生からは「単なる知識ではなく経験からくる言葉だからとてもわかりやすく、教わったことは一生の宝物」「どんなことが起きても自分で乗り越えられる力と自信が身についた」「義務だった家事が自分を大切にする楽しい習慣に変わった」といった喜びの声が寄せられている。

2020年よりソウルサウンドライアーの奏者としても活動中。

https://mari-aoyama.com/

装丁／横田和巳（光雅）
イラストレーション／小瀧桂加
本文デザイン・DTP／向井田創
校正協力／島貫順子・伊能朋子
編集／阿部由紀子

おそうじ瞑想で不安0%になる本

初版1刷発行 ● 2021年5月20日

著者

青山《あおやま》 真理《まり》

発行者

小田 実紀

発行所

株式会社Clover出版

〒101-0051 東京都千代田区神田神保町3丁目27番地8 三輪ビル5階
Tel.03(6910)0605 Fax.03(6910)0606 https://cloverpub.jp

印刷所

日経印刷株式会社

ISBN978-4-86734-019-6 C0011